ちくま学芸文庫

国家とはなにか

萱野稔人

筑摩書房

【目次】

国家とはなにか

イントロダクション

国家というのは、いかにもとらえがたいもののように見える。国家とよばれる対象が、目の前にころがっているわけではない。目に見えるものとしてあるのは、せいぜい政府の建物とか、国家を象徴する旗とか、地図のうえに書かれた国境線とか、そういったものだ。国家そのものは、目で見たり、手で触れたりできるようなしかたでは存在していない。国家にまつわるさまざまな物には具体的なかたちがあるが、国家じたいは、そういった付随物の有形性から逃れている。

こうした特徴は、国家を非常にとらえにくいものにしているだろう。国家とはなにかを考えようとしても、取っかかりがないのだ。

しかし他方で、国家の存在は一定の「無視しがたさ」をもっている。たとえば、国家の定める法律が侵犯されたとき、国家はただちにその法律違反者を捕まえ、罰しようとするだろう。だれであれ、国家を無視してみずからのルールで行為しようとすれば、逆に国家の存在とぶつからざるをえない。同様に、国家を無視して税金をまったく支払わないようにするならば、国家の目からのがれるために、逆に国家の存在を意識しなくてはならなくなるだろう。

本書は、こうした国家のとらえがたさと無視しがたさを前にして、国家について思考することをテーマとしている。出発点となるのはつぎのような問いだ。国家とはなにか。国家などというものがなぜ存在しているのか。そもそも国家が存在しているというのはどういうことなのか。

国家は具体的なかたちでは存在していない以上、そもそも国家の存在をどこに見いだすべきかということからして問われなくてはならない。領土や国民のなかになのか、法体系のなかになのか、あるいは——思想の分野でしばしばいわれるように——人間のなんらかの内面的なはたらきのなかになのか……。

同時に、国家は一定の無視しがたさをもつ以上、国家をめぐる考察は、その固有のリアリティをくみとることができるものでなくてはならない。

国家は思想的にも政治的にもおおきな問題をなしている。しかし多くの場合それは曖昧なしかたでしか論じられない。国家とはそもそも何なのかということが問われることはきわめて稀だ。これに対して本書は、そうした根本的な問いにまでさかのぼって、国家を統一的な視座から理論化することを目指している。

＊

ところで、本書の出発点として右にあげた問いは、いわゆる経験科学的なアプローチでは十分に答えられない。

たとえば、国家がどのような機構や制度によってなりたっているのかということをいくら説明しても、それは、国家とはなにかを説明したことにはならない。あるいは、法が国家の役割や権限をどのように定めているかを把握することだけでは、国家が存在する理由を解明することはできないだろう。同様に、政府の決定は誰によって、どのようなプロセスでなされているのか、政治家や役人はなにを考え、どのようなパワーゲームのなかで行動しているのか、といったことを分析しても、事態は変わりない。

ではなぜ、経験科学的なアプローチでは、国家そのものをとらえることができないのだろうか。

それは、さきにあげた問いが、国家を概念的に考察することを要求するような問いだからである。国家とはなにかという問いは、概念によってトータルに答えられなくてはならない。経験科学による個別的な探求は、それが国家を考察するうえでどれほど重要だとしても、概念による総体的な把握とは別のものである。たとえば経験科学としての政治学が、国家とはなにかをトータルに把握しようとするならば、そこにはやはり概念のはたらきが不可欠だ。概念をつうじて国家をとらえることこそ、本書が目指すべき課題である。

ところで、この点にかんしてドゥルーズ＝ガタリは、概念にたずさわるのはまさに哲学の仕事であると述べている。哲学とは概念の創造にほかならない、と。

より厳密に言うなら、哲学は、概念を創造することを本領とする学問分野である。[1]

もちろん本書での考察が概念的になされるからといって、ただちにそれが概念を「創造」しているということにはならない。概念の創造という大それたことが本書の目的ではない。

しかしそれでも、国家を概念的にとらえることを目指しているという点で、やはり本書の試みは哲学的であろうとする。じじつドゥルーズ＝ガタリは、不十分な言い方であると断りながらではあるが、「哲学とは、いくつかの概念を形成したり、考案したり、製作したりする技術である」（同、六頁）と述べている。国家について概念を形成したり、製作したりするという哲学的な作業が、本書の試みを特徴づける。

国家についていえば、しばしば次のように問われてきた。それは実体なのか、それとも人びとのあいだに打ち立てられる関係なのか、と。

しかし国家は実体でもなければ関係でもない。では何なのか。さしあたってこう言っておこう。国家はひとつの運動である、暴力にかかわる運動である、と。

＊

本書の見取図をあらかじめ述べておこう。

本書はおおきく二つの部分に分けられる。まず前半部分の第一章から第三章では、国家を存在させ、活動させるロジックが考察される。そこであつかわれる問題はつぎのようなものだ。国家の存在はどこに見いだされるべきか、国家の考察においてなにが問題とされなくてはならないのか、国家をなりたたせるファクターとは何であり、それはどのような機能や効果をもっているのか。

これに対し、後半部分の第五章から第七章では、国家が現在のようなあり方になってきた歴史的なメカニズムが考察される。主権とはなにか、それはどのように成立してきたのか。国民国家といわれる国家形態はいかなるプロセスのもとで形成されてきたのか。国家と資本主義の関係はどのように考えられるべきか。こうした問題がそこではあつかわれるだろう。

前半と後半のあいだに位置する第四章では、国家をどのように思考すべきかという方法の問題がとりあげられる。そこでの考察は、第一章から第三章までの考察をふまえてなされるという意味では前半部分に入るが、しかし、それを読まなくても第五章以降の理解に

＊1　ジル・ドゥルーズ＝フェリックス・ガタリ『哲学とは何か』財津理訳、河出書房新社、一九九七年、一〇頁、強調原文。

はかならずしも影響しない。国家そのものではなく、それを思考するための方法をあつかっているという点で、この章はそれ以外の章とは若干性格が異なる。したがって、読み飛ばしたり、さいごに読んでもらっても構わない。ただしこの章は、既存の国家論の問題点を理解するためには重要な箇所である。

なお、本書でもちいる邦訳は、文脈や必要に応じて適宜変更してある。すべての訳者に敬意と感謝を表したい。

第一章　国家の概念規定

1 「物理的暴力行使の独占」――ウェーバーによる国家の定義

国家を思考するためには、まず国家を概念的に規定しなくてはならない。つまり国家とはなにかという定義である。これがないと、国家を論じるといっても対象そのものが定まらないだろう。

とはいえ、国家とはなにかを概念規定することは、それだけですでに大きな問題である。国家をめぐる多くの議論は、この問題をまともに扱うことを避けてきた。だからこそ、それらの議論はあいまいな考察に終始してしまうのであるが、逆にいえばそれは、国家を概念規定することがそれだけ難しいということでもある。

国家をどのように定義すべきか。これを考えるうえでまず参考になるのは、マックス・ウェーバーの仕事である。

ウェーバーによれば、国家をなんらかの目的によって定義することはできない。というのも、あらゆる国家がかならず追求した普遍的な目的といったものはないし、また、たいていの目的はこれまでどこかの国家によって追求されてきたからである。

国家も含めて、政治団体というものは、その団体的行為の「目的」を挙げて定義することは出来ない。なぜなら、食料の供給から芸術の保護に至るまで、政治団体が追求しなかった目的はないし、また、人身保護から判決に至るまで、すべての政治団体が追求した目的というものもないからである。[*1]

目的によって国家を定義するためには、少なくとも、あらゆる国家にあてはまるような普遍的な目的が存在していなくてはならない。しかし、そのような目的は存在しないとウェーバーはいう。また、国家はこれまでいろいろな目的を追求してきた以上、特定の目的をもって国家を特徴づけることもできない。

では、なにによって国家を定義すべきか。目的ではなく手段によってである、とウェーバーはいう。つまり、あらゆる国家にみいだされる暴力行為という手段によって国家を定義すべきである、と。

むしろ近代国家の社会学的な定義は、結局は、国家を含めたすべての政治団体に固有な・特殊の手段、つまり物理的暴力の行使に着目してはじめて可能となる。[*2]

＊1　マックス・ヴェーバー『社会学の根本概念』清水幾太郎訳、岩波文庫、一九七二年、八九頁。
＊2　マックス・ヴェーバー『職業としての政治』脇圭平訳、岩波文庫、一九八〇年、九頁。

こうしたウェーバーの考え方は妥当なものである。じじつ、さまざまな社会集団のなかで国家だけが暴力を行使することができる。戦争にせよ、犯罪者の逮捕や処罰にせよ、暴力を行使する権限をもっているのは国家だけだ。

会社組織や慈善団体、町内会などが追求する目的と、国家が追求する目的が一致するということはつねにありうる。たとえば、国家が経済的利益を追求するならば、それは会社組織の目的と一致するし、また、貧者救済という目的において、国家と慈善団体が一致することもある。防災活動をおこなうという点で、国家と町内会がおなじ目的を追求することもあるだろう。しかし、目的の追求のために暴力を手段としてもちいることができるという点で、国家はそれらの組織とは明確に区別される。

では、暴力の行使という点に着目することで、ウェーバーはどのように国家を概念規定するのだろうか。

> 国家とは、ある一定の領域の内部で――この「領域」という点が特徴なのだが――正当な物理的暴力行使の独占を（実効的に）要求する人間共同体である（同、九頁、強調原文）。

このウェーバーの定義をわれわれは考察の出発点にすることができるだろう。実際、ウェーバーによる国家の定義は、これまで、国家を思考するさいの主要な参照軸のひとつとなってきた。その参照軸としての力はいまでも失われていない。

とはいえ、この定義のなかにはすでに、考察すべきいくつかの本質的な問題がふくまれている。

まずは「正当な物理的暴力行使の独占」という点である。

物理的暴力というのは、破壊や殺傷、拘束、監禁といった具体的な暴力をさす。つまり「言葉の暴力」や「同一性の暴力」などの抽象的なものはここでは含まない。近年、思想の現場では、「言説の暴力」「同一性の暴力」といった抽象的なものまで暴力のカテゴリーに入れる傾向がつよい。しかし、国家の考察において暴力といったとき、そこではつねに物理的な暴力が問題となる。これは最初に確認しておくべき点だろう。

その物理的暴力が国家のもとでは正当なものとして独占される。つまり「正当な物理的暴力行使の独占」とは、国家以外の個人や集団がもちいる暴力はすべて不当なものとなるということを意味している。そこでは、国家が行使する暴力だけが正当なものとして、他の暴力から分離されなくてはならない。しかしそれはどのようにして可能だろうか。これは、ウェーバーの定義が投げかける問いとして、さらに考察されなくてはならない。

この問いは、国家が正当な暴力の独占を「実効的に要求する」といわれるとき、より鋭くあらわれる。

ウェーバーのいう「正当な物理的暴力行使の独占を実効的に要求する」とは、逆にいえば「不当な暴力行使があれば、それに実効的に対処する」ということだ。つまり、国家以外の個人や集団による暴力に対しては、国家はそれを上まわる力によって実際に押さえこむということである。だから、国家が「正当な暴力行使の独占を実効的に要求する」ことができるためには、起こりうる不当な暴力よりも強大な暴力がすでに国家のもとに蓄積されていなくてはならない。もし、他の個人や集団がもちいる暴力のほうが強大であるならば、国家はその暴力を取り締まることができず、したがって、正当な暴力行使の独占を実効的に要求することもできなくなる。

問いが先鋭化するのはここである。つまり、みずからの行使する暴力だけが正当であると実効的に主張しうるためには、国家は社会のなかでもっとも強大な暴力を行使できるのでなくてはならない。とするならば、国家の暴力の正当性をささえるのは、結局のところその暴力が社会のなかでもっとも強いという事態だということになるのではないか。

考察すべき問題はほかにもある。ウェーバーは、正当な暴力の独占が「ある一定の領域の内部で」なされるという点を強調している。つまり、国家の存在は具体的な場所と切りはなせない。国家と空間的領域とのこうしたむすびつきは、カール・シュミットが『大地のノモス』で強調した、政治的秩序と場所確定との不可分性にも通じるだろう。人間が住み、活動する具体的な場所でのみ国家は成立する。これは確かだ。

しかしその場所は「国境で囲まれた領土」をかならずしも意味しない。国家の活動領域が国境によって囲まれていることを当たり前のこととして見なすことはできない。じじつ、国家の領域が国境によって区画されるようになるのは近代以降のことである。国境による囲い込みは、場所確定の特殊近代的なあり方なのである。だからここでは、次のような問いが提起されなくてはならないだろう。国家による暴力の独占はどのような歴史的プロセスをつうじて国境による場所確定とむすびつくようになったのか、そしてそれは国家のあり方にどのような変容をもたらしたのか。*3

さいごに、ウェーバーが国家を、暴力の独占を要求する「人間共同体」として定義している点についても注意が必要だろう。というのもそこから「国家とは人間共同体における政治機構である」というテーゼを導きだすことはできないからだ。

このテーゼとウェーバーの定義との違いは、つぎの点にある。

＊3　シュミットの『大地のノモス』（新田邦夫訳、福村出版、一九七六年）においても、政治的秩序の基礎となる場所確定は、近代的な国境による領土の囲い込みよりもひろい意味でもちいられている。同様にシュミットは、秩序とむすびついた具体的な場所をあらわす「ラウム」の概念を、領土で囲まれた主権国家の領域性よりもひろい意味でもちいている。場所確定やラウムの概念は、けっして近代的な国境画定や領土には限定されない外延をもつのである。

まず、このテーゼにおいては、あらかじめ存在する共同体が政治機構をもつことで国家が成立すると想定されている。つまりそこでは、暴力行使の独占を要求する側も、それを要求される側も、ともにおなじ共同体に属しているとされる。

これに対して、ウェーバーの定義からは、ある人間共同体が他の人間たちに対して暴力行使の独占を要求するという事態がみちびきだされる。つまり、ある集団が他の人びとに対して「われわれが行使する暴力以外はすべて不当なものである」と要求するという事態を、その定義はけっして排除しない。このとき、暴力の独占を要求する人間共同体（集団）と、それを要求される人びととの関係は、かならずしも共同体的である必然性はない。たとえば、ウェーバーの定義からすれば、ある人間共同体がべつの共同体の人びとを征服して、かれらに対し暴力行使の独占を実効的に要求するばあいでも、国家は成立する。

「国家とは人間共同体がもつ政治機構である」というテーゼは、国民国家という現在の国家のあり方を自明の前提とすることではじめて成りたつものだ。国民国家においては、国民という人間共同体と国家が——少なくとも建前のうえでは——一致する。そこでは、「国家とは国民がもつ政治機構である」というテーゼが、あたかも国家の基本原理であるかのようにみなされる。しかし歴史的にみれば、こうした国家のあり方はけっして自明なものではない。共同体にもとづかない国家というのは、昔も今も数多く存在する（この点については第四章でふたたびとりあげる）。

逆にいえば、国民国家とは、暴力行使の独占を要求する集団と、それを要求される人びととの関係がひとつの共同体へと再編成されたときにはじめて成立するものであると考えることができる。その再編成のメカニズムや要因をわれわれは第六章で考察するだろう。国家を思考するためには、いまの国民国家のあり方を自明なものとみなすナイーヴな見方から決別することが不可欠だ。そしてそのうえで、いかなる要因によって、またどのようなプロセスをつうじて、現在のような国民国家が成立したのかを考えなくてはならない。そうした系譜学的な問いを導くためにも、国家とはなにかを概念的に規定しておかなくてはならないのである。

2 暴力の正当性と合法性

国家は暴力行使という手段によって定義されなくてはならない。これは、国家を思考するために押さえておかなくてはならない最初のポイントである。

とはいえ、ただちに疑問が出されるかもしれない。というのも、暴力を手段としてもちいるのは国家だけではないからだ。マフィアや革命集団などの組織も、暴力の行使によってみずからの目的を達成しようとする。マフィア組織は暴力によってみずからの経済的権益を守ろうとするし、革命集団は暴力によって政府を倒したり、新しい政府をうち立てようとする。もし暴力行使という手段によって国家を定義するならば、これらの組織と国家との区別はつかなくなるだろう。じじつウェーバーは、ある組織に暴力行使という手段がみとめられるなら、すべてそれらを政治団体として考えるべきだという。

政治団体の特徴としては、秩序の保証のために暴力行為を使用する(少なくとも、併用する)という事実のほかに、或る地域に対する行政スタッフおよび秩序の支配を要求し、これを暴力行為によって保証するという特徴がある。暴力行為を使用する団体に右の特徴が見出されれば、村落共同体であろうと、個々の家共同体であろうと、ギルドや労働者団体(ソヴィエト)であろうと、すべて政治団体と呼ぶべきである。*4

暴力の行使という点だけをみれば、さまざまな政治団体と国家を区別するものはなにもない。ウェーバー自身、国家を政治団体におけるひとつの特殊なケースとしてとらえている。さきに引用した個所で、「国家を含めたすべての政治団体に固有な・特殊の手段、つまり物理的暴力の行使」といわれているのはそのためだ。国家とは、政治団体のひとつの下位概念なのである。

それでは、政治団体一般から国家を区別するものとはなんだろうか。それこそが、さきの定義にでてきた「正当な物理的暴力行使の独占を実効的に要求する」という特徴にほかならない。つまり、ある政治団体が国家であるためには、たんに暴力を手段としてもちいるということだけでは不十分である。さらにそれは、特定の空間的領域において自らだけがその手段を行使しうるということを現実的な効力をもって「要求する」ことができなくてはならない。このとき、他の個人や集団は、国家が許容した範囲以外では暴力をもちいることができなくなる。このような独占、つまりある地域のなかで〈暴力への権利〉をもった唯一のエージェント（行為主体）として存在し、活動するということが、国家を政治団体一般から区別するのである。

「正当な暴力行使の独占を実効的に要求する」という事態は、だから、国家の存在にとって本質的なものだ。しかし先にみたように、この事態そのものが考察すべき問いを構成している。つまり、なぜ国家だけがみずからの行使する暴力を正当なものとして定立することができるのか、という問いである。

この問いを考えるまえに、つぎの点を確認しておこう。

ウェーバーにおいて「正当《レギティーム》な暴力行使」といわれるとき、そこには「合法な暴力行使」という意味が込められている。[*5] ちょうど日本語においても、たとえば「正当防衛」といわ

＊4 『社会学の根本概念』八九頁。

＊5 この点については、Michel Troper, «Le monopole de la contrainte légitime (Légitimite et légalité dans l'État moderne)», *Lignes* (n.° 25), Éditions Hazan, 1995 を参照。

れるとき、そこには「合法的な暴力行使による防衛行為」という意味が込められているように。つまり、「正当な暴力行使」が問題になっているとき、そこでは、道徳的に正しいという意味での正当性と、法に適っているという意味での正当性（合法性）とを概念的に区別しなくてはならない。この区別は、国家を思考するうえで決定的に重要となる。

問いにもどろう。ここでは死刑を例にすることができる。

死刑とは、国家による合法化された殺人である（たとえ「殺人」という言い方に抵抗を覚える人がいても、やはりそれは殺人である。いずれにせよ人が殺されるわけだから）。つまり死刑とは、国家による合法的な暴力行使のひとつの極限的なあり方である。ここでの問題は、なぜその殺人は他の殺人とは異なり合法なのか、ということだ。

「正しい殺人だから」というのは答えになっていないだろう。というのも、もし凶悪な犯罪をなした者を殺すこと自体が「（道徳的に）正しいこと」として合法化されているのなら、その者をだれが殺したとしても「正しい殺人」として合法化されるはずだからだ。しかし実際には、その殺人をおこなうことを権利上認められているのは国家だけである。第三者はおろか、その犯罪の被害者遺族ですら、犯人を殺すことは認められていない。死刑という殺人が合法化されていることと、国家のみがそれをなしうるということとは、不可分の関係にある。

つまり、死刑という殺人の合法性は、道徳的に正しいという意味での暴力の正当性には基づいていない。国家だけが死刑をつうじて人を殺す権利をもつことは、その殺人が正しいということとは別の次元にある。暴力の合法性と正当性のあいだにズレがあるというのは、死刑がなぜなりたつのかという問題においても本質的な事柄なのである。[*6]

このことは経験的にも確かめられる。国家が行使する合法的な暴力が道徳的には不正なものとしてあらわれることは、つねに起こりうるからだ。暴力は、それが正しくても正しくなくても合法化されうる。

もちろんだからといって、住民の大多数を憤慨させるような事態をまねくならば、国家の暴力行使はいちじるしく困難になるだろう。国家はだから、みずからの暴力行使が住民にとってできるだけ「正しい」ものとなるよう努めなくてはならない。とはいえそれは、あくまでも国家の合法化された暴力がスムーズに行使されるためには望ましいというだけの話でしかない。理論的にも経験的にも暴力の合法性と正当性のあいだには一定のズレがある。国家が行使する暴力は、それが「正しい」がゆえに合法化されているわけではない。

＊6　合法的な暴力の根拠を――「悪いやつを処罰するため」といった――道徳的に正しい目的にむすびつけてしまう発想を、ヴァルター・ベンヤミンは「自然法的な誤解」として批判している。「適法な暴力と不法な暴力とを区別することの意味は、自明ではない。その意味は、正しい目的のための暴力と不正な目的のための暴力とを区別するところにある、とする自然法的な誤解は、きっぱりとしりぞけられねばならぬ」(「暴力批判論」、『暴力批判論』野村修編訳、岩波文庫、一九九四年、三三頁)。

道徳的な正当性は、暴力が合法化されるための不可欠な前提ではないのである。

では、死刑をはじめとする国家の暴力行使が合法化されているのは、どのような根拠によるのだろうか。

死刑という殺人の合法性は、国家だけがそれをおこなう権利をもっているということとけっして切りはなしえない。つまり国家は「合法的な殺人を独占」している。そしてその独占にもとづいて、他の個人や集団がおこなう殺人を取り締まり、それによって合法的な殺人の独占を「実効的に要求する」。このことは言いかえるなら、国家がみずからの殺人を合法として、そしてそれ以外の殺人を違法として決定しながら、その違法な殺人を取り締まるということである。国家は、合法的な殺人をおこなう権利をもつと同時に、殺人を合法なものと違法なものに分割する権利ももつ。これら二つの権利がともに国家に属しているということが、死刑という殺人の合法性の基盤にある。

死刑における殺人が合法なのは、殺人をおこなう主体と、合法／違法を判断する主体とが同一であるからである。殺人を合法なものと違法なものとに分ける権限をもつもののみが、合法的な殺人をおこなうことができるのだ。

死刑にとって本質的なのは、したがって、「法を決定する権力が、殺人をおこなう権限を保持している」という事態にほかならない。合法なものと違法なものを決定しながら殺人をおこなう権利、これが死刑の基盤となっているのである。決定と執行の一致といってもいいだろう。この一致はもちろん、殺人だけでなく暴力一般にまであてはまる。暴力を合法なものと違法なものとに分割しながら「合法な暴力」を独占的に行使する権利こそが、国家のあらゆる実力行使（逮捕、監禁、強制執行……）をなりたたせる。*7

合法的な暴力行使の独占は、暴力をめぐる判断権の独占を必然的にともなう。つまり国家は、合法的な暴力を排他的に所有するために、国家以外のエージェントが行使する暴力を「暴力」として告発し、犯罪化することができなくてはならない。注意すべきは、暴力をめぐる判断権の独占は、合法的な暴力そのものの独占にとって副次的・付随的なものではなく、本質的な要素であるということである。

先へすすもう。それではなぜ国家は、暴力を行使しつつ、それを合法的なものとして決定することができるのか。言いかえるなら、なぜ合法的な暴力行使において決定と執行は

＊7　したがって、国家が暴力を行使するときはつねに、合法な暴力と違法な暴力のあいだの分割が反復されることになる。なかでも死刑は、そうした分割を最大の強度のもとで反復するだろう。換言すれば、国家が行使する暴力のなかでも死刑は、合法な暴力と違法な暴力のあいだの区別を最大限に強化するという効果をもつ。ふたたびベンヤミンを引用しよう。「じじつ死刑の意味は、違法を罰することではなく、新たな法を確定することなのだ。というのも、生死を左右する暴力を振るえば、ほかのどんな法を執行するよりも以上に、法そのものは強化されるのだから。しかし同時に、まさにその点においてこそ、繊細な感受性にはとくに、法における何か腐ったものが感じとられる」（『暴力批判論』四三頁）。

一致することができるのか。

暴力の機能をかんがえることで、それを理解することができる。暴力はまた、命令することを可能にする。

暴力は破壊し、打ちのめす。しかしそれだけではない。暴力的に優位にあるものは、それをもたないものに対して命令することができる。たとえば、武器をもつことで暴力的に優位にあるものは、相手が行使しうる暴力を恐れるあいだは、相手の命令にしたがわざるをえない。暴力的に劣位にあるものは、相手の恐怖を利用して命令にしたがわせるというのは、暴力のおおきな機能のひとつである。

もちろん、恐怖にうったえて命令するための手段は、暴力だけにはとどまらない。否定的なサンクションをくみたてることができるものなら、なんでもその手段になりうる（「試験に落とすぞ」、「クビにするぞ」といった脅しなど）。とはいえ、暴力は、そうした手段のなかでも特権的な位置をしめるだろう。というのも暴力は、誰に対しても（知らない人に対しても）、そして特定の文脈に依存することなく（相手が試験を受けるかどうかにかかわりなく）、否定的なサンクションをくみたてることができるからだ。この意味で、暴力は命令にとっての、いわば普遍的な手段となる。

ところで命令とは、みずからの決定を他人に課すことにほかならない。暴力にもとづいた命令とは、だから、暴力的な格差を利用することでみずからの決定を他人に課すことである。暴力的に優位にあるものほど、よりおおきな決定の裁量を手にすることができる。

ここにあるのは、暴力と決定との機能的なむすびつきだ。暴力を保持し行使する主体が、同時に決定の権限をもつ主体でもあるのは、暴力そのものの働きに根ざしている。

先の引用のなかでウェーバーはこう述べていた。政治団体の特徴は「行政スタッフおよび秩序の支配を暴力行為によって保証する」ことにある、と。

ここでウェーバーの念頭におかれているのは、まさに暴力と決定との機能的なむすびつきにほかならない。暴力が支配を保証することができるのは、暴力が決定を課すことができるからである。この点では、国家といえどもその例外ではない。どれほどソフィスティケートされた形態においてであれ、暴力の格差にもとづいて決定をつらぬくことが国家の活動をささえている。

こうした暴力と決定とのむすびつきは、決定が法というかたちをとるようになっても変わらない。命令にとって暴力が普遍的な手段となるのと同じように、暴力は、法が社会のなかで貫徹され、維持されるための最終的なよりどころとなる。「法は武装しないでいることはあり得ないのであって、その武器の最たるものは死である。法を侵犯する者たちに対して、法は、少なくとも最後の手段としては、この絶対的脅迫によって答える」[*8]。実際、国家の物理的力がおよばない相手――逃亡していたり、国家よりおおきな暴力を行使する

*8 ミシェル・フーコー『知への意志』渡辺守章訳、新潮社、一九八六年、一八一―一八二頁。

相手――に対しては、法は適用されえない。物理的に拘束しうるからこそ（あるいは物理的により大きな力を発揮できるからこそ）、その相手に法を適用することができるのである。

このとき、法の実効性は暴力によってささえられている以上、その暴力はけっして法によって廃棄されることはない。それどころか反対に、その暴力は法によって「お墨付」を与えられることになるだろう。つまり、法に書かれてある決定にそむいたばあい、その暴力がどのように発動されるかが法そのものによって定められるのだ。法の決定をささえる暴力が、こうして合法化される。死刑をはじめとする暴力が合法化されるのは、法が、みずからの依拠する暴力そのものを発動させる枠組みを担っているからにほかならない。

こうしてわれわれは、なぜ国家だけが暴力を行使する権利をもつことができるのかを理解することができる。つまりそれは、国家が社会のなかで他を圧倒しうるだけの暴力を蓄積しているからである。国家がみずからの暴力だけを合法化することができるのは、それがもつ暴力の圧倒的な優位性にもとづく。国家とそれ以外の個人や集団とのあいだにある暴力の格差こそが、国家による合法的な暴力行使の独占を可能にするのである。

ここで注意すべきなのは、合法的な暴力がまずあって、それが国家によって保持されるのではない、ということだ。国家が圧倒的な暴力を蓄積できるようになったのは、その暴力がすでに合法化されているから、ではない。反対に、圧倒的な暴力の保持こそが、暴力の合法化を可能にする。というのも、法を決定することができるのは、暴力そのものの機能にもとづくからである。合法的な暴力がそれ自体としてあらかじめ存在していると想定してしまうのは、暴力の機能についての洞察を欠いた、素朴なまちがいである。

このことは歴史的にも確かめられる。歴史的には、経済構造の変化や軍事テクノロジーの発達によって暴力が一極に集中してきたという事態がまずは生じた。そして、その一極化がもたらす暴力の格差にもとづいて、その暴力の行使者はみずからだけが暴力への権利をもつことを「実効的に要求する」ことができるようになったのである(この点については第五章でふたたび取りあげる)。

3 暴力の自己根拠化とヘゲモニー

社会のなかで国家だけが暴力への権利をもつ。それ以外の個人や集団は、暴力を非合法的にしかもちいることができない。おなじ暴力をもちいても、一方は合法で、他方は違法とされる。国家とそれ以外のエージェントのあいだには、暴力への権利をめぐる非対称性があるのである。

もちろん、国家以外の個人や集団が暴力を合法的なものとしてもちいることができるケースもないわけではない(正当防衛や、民営化された警察組織など)。しかしそれらのケースにおいても、国家以外のエージェントが暴力を合法的にもちいることができるのは、国家によってそのように認可されるかぎりにおいてだ。国家が暴力への権利の唯一の源泉であるという事態は、そこでも変わらない。

国家だけが合法的に暴力を行使することができるという暴力の非対称性は、国家がその地域のなかで他を圧倒しうるだけの暴力をもっているという暴力の格差によってささえられている。暴力への権利をめぐる非対称性は、暴力そのものをめぐる量的な差異にもとづくのだ。

もともと暴力じたいのなかに、合法な暴力と違法な暴力という区別が書き込まれているわけではない。暴力の格差こそが暴力の法的な分割を可能にする。暴力のなかに法をもちこむことができるのは、それじたい暴力の働きによるのだ。

こうした働きにおける暴力を、ベンヤミンは「法措定的暴力」とよんだ。それは「法関係を確定したり修正したりすることができる」[*9]暴力の機能をさし示している。その機能によってはじめて、合法／違法という法的な分割が暴力のなかにもちこまれるのである。

ただし、合法化された暴力は、その合法という法的なステイタスを維持するためには、それ以外の暴力を違法なものとしてじっさいに取り締まらなくてはならない。つまり、「合法的な暴力行使の独占」がなりたつためには、暴力のなかに法が措定されるだけでは十分でなく、さらに、合法／違法という法的分割を維持するような暴力の働きが必要となる。ベンヤミンはそれを「法維持的暴力」とよんだ。

法措定と法維持という二つの暴力の働きをつうじて、国家ははじめて「合法的な暴力行使の独占を実効的に要求する」ことができるようになる。ベンヤミンはいう、「手段としての暴力はすべて、法を措定するか、あるいは法を維持する」（同、四五頁）と。国家が暴力を手段としてもちいることはすでに見た。その手段によって、国家は法を制定し、みずからの暴力を法に結びつける。まさに「暴力のみが法を保証する」（同、五八頁）のであり、国家はそれをつうじて暴力手段そのものを独占しようとするのである。

したがって、法がさまざまな暴力を取り締まろうとするのは、けっして法に書かれた目的を遂行しようとするからではない。法は暴力を、それが法の外に位置するがゆえに取り締まる。法は、みずからを措定し維持する暴力しか合法的なものとは認めない。法の外にあるあらゆる暴力は、暴力手段の独占とむすびついた法そのものを危うくしかねないからだ。ベンヤミンはいう。

すなわち、個人と対立して暴力を独占しようとする法のインタレストは、法の目的をまもろうとする意図からではなく、むしろ、法そのものをまもろうとする意図から説明さ

＊9　『暴力批判論』三八頁。

れるのだ。法の手中にはない暴力は、それが追求するかもしれぬ目的によってではなく、それが法の枠外に存在すること自体によって、いつでも法をおびやかす（同、三五頁）。

ジャック・デリダは、ベンヤミンの「暴力批判論」を読解しながら、この点についてつぎのように述べている。

こうして法権利は、まさしく自分の利益《インタレスト》・関心のために暴力を独占する。……この独占がめざすのは、正義にかないかつ合法的なさまざまな特定の目的を保護することではなくて、法権利そのものを保護することである。*10

国家が他のエージェントに暴力の行使を認めないのは、けっして正義をめざすからではない。そうではなくそれは、法がみずからをまもるために、みずからを措定し維持する暴力以外の暴力を非合法化するからである。これは、国家を思考するうえで重要なポイントである。国家が他の暴力を取り締まるからといって、それを正義の実現だとかんがえてしまう素朴な発想はやめなくてはならない。その取り締まりの活動は、法が措定され、維持されるロジックに内在しているのだ。

そのロジックをくみたてているのは、合法的な暴力の自己準拠的な構造にほかならない。

つまり、より強い暴力が、その優位性にもとづいて法を措定し、みずからの法的ステイタスをその法によって根拠づけるという構造だ。みずからを合法的だと規定しながら、他の暴力を違法なものとして取り締まることで、はじめてその暴力の合法性は確立されるのである。こうした自己準拠的な構造を、デリダはトートロジー（同語反復）として把握している。つまり、暴力の合法性が確立されるのは、その暴力がみずからを合法的だと主張することによってでしかない、というトートロジーである。

こうしたことは、トートロジー的な陳腐な言いぐさに似通っている。しかしこのトートロジーは、法権利がもつ一定の暴力が現象するときの構造ではないだろうか。つまり、みずからを承認しないものはすべて暴力的だ（ここで言う暴力的とは、法の外という意味である）と宣言することによってみずからを措定する、そうした法権利の暴力のことである。行為遂行的なトートロジーまたはア・プリオリな綜合が、法のあらゆる創設を構造決定しているのであり、その創設にもとづいて、さまざまな規約（またはさきに述べた「信用」）が行為遂行的に産みだされるのである。この規約は、行為遂行的なものの妥当性を保証しているが、その行為遂行的なもののおかげではじめて、合法的暴力か

＊10　ジャック・デリダ『法の力』堅田研一訳、法政大学出版局、一九九九年、一〇三―一〇四頁。

非合法的暴力かを決定する諸手段があたえられるのである（同、一〇四頁）。

ここで「行為遂行的（パフォーマティヴ）」といわれているのは、暴力の行使そのものがその暴力の法的妥当性をうみだす、という事態である。つまり国家は、みずからの暴力だけが合法的であり、みずからだけが暴力への権利をもつということを、みずからの暴力行使によって証明しなくてはならない。法を措定し、暴力に法的ステイタスを与えることは、暴力を行使しながら遂行的になされるほかないのである。

以上の考察から、つぎの点がみちびきだされるだろう。

国家は、暴力をめぐるヘゲモニー争いの勝者として位置づけられる。「暴力をめぐるヘゲモニー争いの勝者」とは、他の暴力を圧倒してみずからの暴力の合法性を確立しえたもの、ということだ。

暴力のヘゲモニー争いにおいて勝つための条件とは、なによりも、その地域のなかでもっとも強い暴力を行使しうるということである。暴力の優位性がなくては、法を措定することはできない。

国家はだから、みずからの暴力の優位性をできるだけ強化するような人的・物的資源の配備を、必然的に目指すことになるだろう。その人的・物的資源の配備にはふたつの方向がある。つまり、より強い暴力をみずからのもとに蓄積しようとする方向と、他の個人や集団が暴力をもちいる手段や可能性そのものをできるだけ取り除こうとする方向である。

とはいえ、単なる物理的な強さだけが、暴力のヘゲモニー争いを有利に進めるための条件ではない。というのも、国家の暴力がいくら強大でも、その暴力が住民にとって受け入れがたいものとなるならば、国家は、暴力の実践にさいしておおくの抵抗に出会うことになるからだ。正当性の問題がこうして浮上してくる。国家は、みずからの暴力のヘゲモニーをより強固にするために、強大な暴力を蓄積するだけでなく、その暴力が住民にとって道徳的に受け入れられるものとなるよう努力しなくてはならない。

さきに見たように、暴力の合法性と正当性は概念的に区別される。暴力が合法化されるのは、その暴力が道徳的に正しいからではない。しかし、合法的な暴力を安定的に行使するためには、正当性の問題を避けて通ることはできないのである。

では、国家はみずからの暴力をどのように正当化するのだろうか。じつは、その正当化の契機は、暴力の合法化プロセスそのもののなかに含まれている。

暴力の合法性は、暴力を合法なものと違法なものとに分け、違法な暴力をじっさいに取り締まることによってのみ確立される。暴力を正当化する契機となるのは、この「違法な暴力を取り締まる」という点だ。違法な暴力を抑制し、取り締まり、罰するために、暴力は蓄積され、行使されなくてはならない、というロジックで、暴力は正当化されるのである。

このとき、取り締まりの対象とされる暴力は、たんに法律に違反するものとして表象されるだけでなく、秩序や平和を破壊する道徳的な悪としても表象されることになるだろう。合法化された暴力が道徳的に正当化されるとき、それと並行して、違法化された暴力も道徳的に不正化されるのである。

こうして、合法化された暴力は、不正な暴力に立ち向かう対抗的な暴力としてみずからを正当化することになる。つまりそれは、不正な暴力があるためにやむをえず行使される暴力として、したがって根本的に「反暴力的な」暴力として定立されるのだ。

こうした暴力の正当化のロジックについて、エチエンヌ・バリバールはつぎのように述べている。

……暴力の正当化に使われる主要な——おそらくは唯一の——論理的・修辞的なシェーマとは、予防的対抗暴力のシェーマである。
じっさい、正当化を必要とするあらゆる暴力（*Gewalt*）は、もともとは平和的で非暴力的な理想秩序を攪乱し破壊したとされる力、あるいはたんにそれを破壊する恐れのある力——それらの力は人間本性に根ざしているとされたり、特定の社会的条件のなかに根ざしているとされたり、あるいは信仰やイデオロギーに根ざしているとされる——そうした力を懲罰したり、撃退するものとして、みずからを提示しなくてはならない。*11

こうした予防的対抗暴力のシェーマは、いわゆる国家必要論のなかに典型的に見いだされる。たとえば和辻哲郎は次のように述べている。

宗教は人が自己によっては救われない、「神」に頼るほかどうにもならないということを明らかにして来る。それに対してこの堕落しやすい、強制しなければ「神」に頼るということも、あるいは善をなすということもなし得ないような「人」に対して、神に代わって人間の秩序を強制する、善を強制する、そういう設備として国家が必要になって来る。[*12]

こうした議論に対して、なぜ国家の統治にたずさわる人だけは堕落することなく秩序や善を実行できるのか、と問うことはもちろん正しい。国家必要論は予防的対抗暴力のシェーマにもとづいて国家の存在理由を説明するが、そのシェーマそのものがすでに、特定の

＊11 Étienne Balibar, *La crainte des masses. Politique et philosophie avant et après Marx*, Galilée, 1997, p. 409（強調原文）.

＊12 和辻哲郎「弁証法的神学と國家倫理学」、『和辻哲郎全集』（第二十三巻）、岩波書店、一九九一年、一一八頁。

暴力だけを「よい」ものとして示そうとする目論見につらぬかれているからである。

予防的対抗暴力のシェーマとは、あくまでも暴力を正当化するための図式にほかならない。つまり、本性的に国家が行使する暴力は道徳的に正しくて、他のエージェントが行使する暴力は正しい／正しくない、という区別がはじめから存在するわけではない。暴力そのもののなかに正しい／正しくないという区別が備わっているわけではないからだ。暴力を「正しい」ものとして提示するためには、別のより危険な暴力（の可能性）をおさえ込むという図式に訴えるほかないのである。

実際のところは、国家が他の暴力を取り締まるのは、法措定的・法維持的な暴力に内在するロジックにもとづいてである。つまりその取り締まりは、道徳的な善／悪という区別に由来しているのではなく、暴力のヘゲモニー争いにおける「合法的な暴力行使の独占」の論理にもとづいている。正しい暴力／正しくない暴力という区別も、そのヘゲモニー争いにおける戦略としてのみうちたてられる。じじつ、国家の暴力そのものが不正なものとしてあらわれ、そのヘゲモニーが失墜するという事態は、歴史をつうじてつねに生じてきた。予防的対抗暴力のシェーマは、そうしたヘゲモニー争いの戦略にすぎないものを、国家が暴力を行使するための目的原因へとすりかえるのである。

したがって、国家必要論が述べるのとは反対に、国家は「不正な」力をおさえるために「必要だから」存在しているのではない。そうではなく、暴力をめぐるヘゲモニー争いの帰結として国家は存在しているのである。

ところで、その暴力のヘゲモニー争いにおいては、正当性の観念だけでなく、正統性の観念も戦略としてもちいられる。この正統性の観念は、正当性の観念としばしば混同される。しかし、合法性と正当性が区別されるように、正当性と正統性も概念的には区別されなくてはならない。

両者は次のように区別されるだろう。

正当性においては、正しい目的の観念が暴力を根拠づける。これに対し、正統性においては、正しい行為主体の観念が暴力を根拠づける。どのような目的で暴力が行使されるのかということが正当性においては問題となるのに対し、暴力を行使する者がどのような資格にもとづいてそうするのかということが、正統性においては問題になるのだ。

たとえば、目の前にいるのがホンモノの警察官なのかどうか疑わしいとき、そこで問題になっているのは、その者がほんとうに一定の実力を行使する権限をあたえられた主体なのか、ということだ。もし彼がニセモノなら、強制的な手段をとることができる主体としての正統性はもたないことになる。

あるいは別の例として、支配者がみずからを神の系譜に結びつけるようなケースを考えることもできるだろう。そこでは、神という超越的な審級から統治する資格を授かったという物語によって、支配の正統性が確保される。

こうした正統性をうみだす政治神学的な仕掛けについて、スピノザはつぎのように述べている。

こうした理由から、かつて統治権を簒奪した王たちは、自己の安全のために、自分は不死の神々から系統を引いていることを世間に信じさせようとつとめた。彼らは、臣民や一般の人々は彼らを自分と同等の者とは見ずに、神々であると信じてくれれば喜んで彼らに支配され・容易に彼らに服従するだろうと考えたからである。*13

また、国民国家といわれるものも、国家の暴力を正統化するひとつの仕掛けであると考えることができるだろう。国民国家とは、国民として措定された住民全体が国家の権力源泉とみなされるような政治体制にほかならない。そこでは、国民から授権されたものとして、国家は暴力を行使する正統性をもつことになるのである（したがって国民国家においては、国家と住民のあいだにある暴力の格差はあたかも存在しないかのように表象される）。

4 「暴力の歴史の哲学」

以上の考察によってなにが示されるだろうか。それは、暴力が社会のなかで行使されるあり方のひとつとして国家は存在している、ということだ。

社会のなかで暴力は、さまざまなエージェント――個人的・集団的なさまざまなエージェント――によって、さまざまな仕方で行使される。個人によって突発的にもちいられる暴力もあれば、集団によって何らかの目的のためにもちいられる暴力もある。そのなかで、暴力が手段として組織的にもちいられるとき、政治団体が生まれる。そしてさらに、その政治団体のあるものが、「合法的な暴力行使の独占を実効的に要求する」ようになるとき、国家が成立するのだ。

言いかえるなら、国家の存在は、暴力の行使という単純な事態にさまざまな要素が付加されることでなりたっている。そこで付加される要素とは次のようなものだ。団体による組織的な暴力行使であること。社会のなかで他のエージェントによる暴力行使を押さえ込むことができるだけの強大さをもつこと。その暴力行使がある地域に対する支配をめざすものであること(つまり、単なる破壊に帰着する暴力行使ではないこと)。みずからだけが暴力への権利をもつことを実効的に要求しうること。

重要なのは、こうした要素が暴力に付加されること自体、暴力の働きによるということ

*13 スピノザ『神学・政治論(下)』畠中尚志訳、岩波文庫、一九四四年、一九六頁。

だ。つまり、社会におけるさまざまな暴力のあいだで国家の暴力がヘゲモニーを確立することができるのは、それ自体、暴力の行使をつうじてでしかない。

要するに、国家がまずあるのではなく、暴力の行使が国家に先行するのだ。あらかじめ存在する国家が、あらかじめ合法化された暴力を独占すると考えてはならない。そうではなく、暴力のヘゲモニー争いに勝利しているという事態が国家を構成していると考えなくてはならない。そのヘゲモニー争いに勝利する過程で、先に述べたようなさまざまな要素が当の暴力に付加されてきたのである。国家が暴力を行使するのではなく、暴力が特定のあり方において行使されることの結果として国家をとらえなくてはならないのだ。

この点にかんして示唆的なのは、ウェーバーが、国家による合法的な暴力行使の独占は近代以降の現象であると述べていることである。

国家が暴力行使への「権利」の唯一の源泉とみなされているということ、これは確かに現代に特有な現象である。[*14]

近代以前においては、暴力への権利は特定の審級によって独占されていたわけではなく、暴力はさまざまな団体によって多元的にもちいられていた。「過去においては、氏族を始めとする多種多様な団体が、物理的暴力をまったくノーマルな手段として認めていた」

（同、九頁）。そこでは、暴力への権利を排他的に所有するような審級はいまだ成立していない。「合法的な暴力行使を独占する」という意味での国家は存在していなかったのである。ウェーバーはいう、「「国家」の概念が完全な発達を遂げたのは全く近代のことである」と。*15

現在あるようなかたちでの国家は、暴力が集団的に行使されるあり方が近代において変化したことによって成立した。つまり、暴力の実践のほうが国家の存在に先だつ。国家の存在は、暴力が行使される特殊なあり方のうえに立脚している。

したがって、ここまでわれわれが理論的に考察してきた問い——なぜ国家は合法的な暴力行使を独占できるのか——は、さらに歴史的にも考察されなくてはならない。すなわち、なぜそれまで多元的に存在していた暴力への権利は近代において一元化されたのか、と。この一元化をつうじて、はじめて国家は「合法的な暴力行使の独占を実効的に要求する」ものとして歴史のなかに姿をあらわしたのである。

国家が近代において「完全な発達を遂げた」ことと、暴力が組織的にもちいられる形態がその時代におおきく変化したこととは同一の事態である。それまでさまざまな団体によ

*14 『職業としての政治』九—一〇頁。
*15 『社会学の根本概念』九〇頁。

ってノーマルな手段とされてきた物理的暴力は、ある時代以降、特定の政治団体だけが権利上、独占的に行使すべきものとなる。こうした暴力をめぐるエコノミーの変化こそが、(近代的な意味での)国家を成立させたのだ。

ここから重要な論点がみちびきだされる。すなわち、国家を思考することは、暴力が組織化され、集団的に行使されるメカニズムを考察することにほかならない。近代における国家とは、暴力が集団的にもちいられるひとつの歴史的な形態である。それは、たとえ暴力の独占を実効的に要求するという点で特殊だとしても、やはり暴力を手段としてもちいる政治団体のひとつとして、暴力をめぐるエコノミーの歴史的な変遷過程のなかに位置している。したがってそこで問われるべきは、どのように暴力は集団的に組織化され行使されるのか、そしてその形態は歴史をつうじてどのように変化してきたのか、ということになるのである。

先に引用したテクストのなかでベンヤミンはこう述べている。

「暴力批判論は、暴力の歴史の哲学である」[*16]。

このベンヤミンの言葉を借りて、次のように言うことができるだろう。

国家をめぐる批判理論は、暴力の歴史の哲学とならなくてはならない、と。

*16 『暴力批判論』六三頁。

第二章　暴力の組織化

1 秩序と支配の保証

国家は暴力の実践に先だっては存在しない。暴力が組織化され、集団的に行使されることのひとつの帰結として国家は存在している。これが、前章での考察によってみちびきだされた論点である。

したがって、国家を思考するためには、暴力の組織化のメカニズムについて考察しなくてはならない。前章の終わりで示唆されていたように、その考察はふたつのレベルでなされるだろう。つまり、暴力が組織化され、集団的にもちいられるとはどういうことか、という理論的なレベル。そして、その形態は歴史をつうじてどのように変容してきたのか、という系譜学的なレベルである。

まずは理論的なレベルから考察していこう。系譜学的な考察は、それをうけて第五章以降でおこなう。

最初の問いはつぎのようなものだ。そもそもなぜ、国家をふくめた政治団体は物理的暴力を手段としてもちいるのか。

これは根本的な問いである。これが理解できないと、暴力が組織化されるメカニズムや、それが社会のなかでもつ構成的なはたらきをうまくとらえることはできないだろう。

じじつ、この問いは国家の定義にかかわっている。

定義ということについてスピノザは、ある対象の定義は、その対象の起成原因を表現しなくてはならないと述べている。[*1] 起成原因とは、対象をそのようなものとして存在させているモーターのことだ。このスピノザの考えは国家の定義についてもあてはまる。国家とはなにかを概念規定しようとするなら、国家を存在させ活動させている起成原因を考えなくてはならない。つまり、国家はなぜ暴力を組織化し、集団的に行使するのかという動因が探求されねばならないのである。

先に見たように、ウェーバーは、国家を暴力行使という手段によって定義すべきだと述べている。しかし手段によって国家を定義するだけではじつは十分ではない。さらにそこから、国家が暴力を手段としてもちいる動因が問われなくてはならないのである。

その動因について、ウェーバー自身はさきに引用した文章のなかでこう述べていた。「政治団体の特徴としては、秩序の保証のために暴力行為を使用するという事実のほかに、或る地域に対する行政スタッフおよび秩序の支配を要求し、これを暴力行為によって保証するという特徴がある」。

＊1 「……物に関する観念乃至定義はその起成原因（causa efficiens）を表現せねばならぬ……」（『スピノザ往復書簡集』畠中尚志訳、岩波文庫、一九五八年、書簡六〇、二七六頁）。

ここから理解できるのはつぎのことである。つまり、国家をふくめた政治団体が物理的暴力を手段としてもちいるのは、ある地域における秩序や支配を暴力によって保証するためである。

支配についてウェーバーはこう定義している。

「支配」とは、或る内容の命令を下した場合、特定の人々の服従が得られる可能性を指す。*2

暴力は命令にとってもっとも確実で普遍的な手段となりうる、というのはすでに見た。暴力による脅しは、その暴力を恐れるものであれば誰に対してであれ、特定の文脈に依存することなく、こちらの命令に従わせることができる。暴力がもつこうした機能が、秩序や支配を保証する。できるだけ強大な暴力を組織化し、必要に応じて行使するような運動体として国家が存在するのは、こうした暴力の機能にもとづくのだ。この場合、国家を定義づけるのは、暴力の蓄積をつうじた秩序と支配の確立という運動そのものとなる。

こうした国家のとらえ方は一般的で納得しやすいものだろう。じじつ、国家をめぐる議論のおおくは、同様のとらえ方にもとづいて展開されている。たとえば社会契約説といわれるものは、一般に、自然状態における無秩序を停止させるために、主権をもった国家が設立されるという図式のうえになりたっている。つまり秩序を確立し維持するために、国家は設立されるのだ、と。

あるいは、カール・シュミットを例にとることもできるだろう。

『政治的なものの概念』のなかでシュミットは、政治的なものを固有に規定するのは敵／友の区別であると述べている。彼によれば、道徳的なものにおいては善と悪が、美的なものにおいては美と醜が、経済的なものにおいては利と害が、それぞれ究極的な標識となるように、政治的なものにおいては敵と友の区別が固有の指標となる。敵／友の区別とは、「政治的な行動がすべてそこに帰着しうるような、それ〔＝政治的なもの：引用者〕に固有の究極的な区別」にほかならない。[*3]

ここでいう政治的なものとは、国家のファンダメンタルな構成基盤をさしている。「国家という概念は、政治的なものという概念を前提としている」（同、三頁）。つまり国家は、敵／友の区別を基底的なモーターとして存在し、活動するのである。

敵とは、外部のものであれ内部のものであれ、こちら側の秩序と支配をうけいれない個人や集団のことである。そうした敵に対して闘うために暴力を組織化すること、これによ

＊2　マックス・ヴェーバー『社会学の根本概念』清水幾太郎訳、岩波文庫、一九七二年、八六頁。
＊3　カール・シュミット『政治的なものの概念』田中・原田訳、未來社、一四―一五頁。

って国家をはじめとする政治団体は実在性を得るのだ。

というのは、敵という概念には、闘争が現実に偶発する可能性が含まれているからである。……戦争とは、組織された政治単位間の武装闘争であり、内乱は組織化された単位内部の武装闘争（そうなれば組織化された単位ということ自体が問題となる）である（同、二五頁）。

ここでシュミットが、内乱においては――国家という――組織化された政治単位そのものが問題に付されるといっていることに注意しよう。つまり、既存の国家の内部で敵／友の分割がおこり、そのあいだで武装闘争がなされるなら、もはやその既存の国家という枠組みそのものが政治単位としては意味をなさなくなる。

国家をはじめとする政治団体が存立しうるのは、こちら側の秩序と支配をうけいれない敵に対して暴力を組織化し、行使するという活動を通じてである。既存の国家もまた、そうした活動の結果として存立している。あらかじめ存在する国家が秩序をまもるために暴力をもちいると考えてはならない。反対に、秩序と支配を確立するために暴力を組織化するという運動こそが、国家を出現させるのである。

2 服従の生産――権力と暴力

とはいえ、秩序と支配の保証のために暴力がもちいられるという事態は、見かけほど単純ではない。というのもそこには、たがいに異なった二つの暴力のもちいられ方があるからだ。その差異は、秩序の保証と支配の保証の違いに対応している。

秩序の保証のために暴力がもちいられる場合、そのもちいられ方は比較的シンプルである。その場合には、秩序をみだす敵を、その敵よりも大きな力によって排除すればよいからだ。「排除する」とは、追放したり、監禁したり、殺したり、といったことを意味している。そこでは、相手よりも強大な暴力を行使できるということだけが、秩序の保証の条件となる。

シュミットはいう。

武器という概念にとって本質的なのは、人間を物理的に殺りくする手段だ、ということである。ここでは、闘争という語は、敵という語とまったく同様に、その本来の存在様式の意味において解されなければならない。闘争とは、競合ではなく、「純精神的な」論議の戦いではなく、さらには、そもそも人生全体が「戦い」であり、各人すべてが「戦士」なのであるから、結局だれもが、なんらかの形でつねに行なっているような象徴的な「格闘」でもない。友・敵・闘争という諸概念が現実的な意味をもつのは、それらがとくに、物理的殺りくの現実的可能性とかかわり、そのかかわりをもち続けることによってである。戦争は敵対より生じる。敵対とは、他者の存在そのもの否定だからである。戦争は、敵対のもっとも極端な実現にほかならない（同、二五―二六頁）。

シュミットにとって、敵との闘争とは、こちら側の秩序をうけいれない敵を暴力によって物理的に排除することである。そこでは、敵よりも物理的に強いということが闘争に勝つための条件となる。逆にいえば、秩序の保証とは、敵を物理的に圧倒することで、こちら側の秩序の存在を証明するということだ。

フーコーが『監獄の誕生』で分析した身体刑の見世物的な残酷さも、こうした暴力の使用法からうまれてくる。そこで分析されている残酷な身体刑とは、とりわけ古典主義時代の、拷問をともなった公開の刑罰（火刑、車責め、四裂き、鞭打ち……）のことである。フーコーによれば、この時代において犯罪者を処罰することは「君主の保持する、自分の敵と戦う権利の、いわば一側面」となっていたのであり、そこでおこなわれる身体刑においては、「敵対者の身体に襲いかかりそれを支配する君主の物理的な力の優越性」が証明されなくてはならなかった。*4 残酷で見世物的な身体刑とは、暴力の優位性をどのように提示するかという問いをめぐるひとつの実践にほかならない。

こうした秩序の保証に対して、支配の保証のほうは、より複雑な問題を提起するだろう。ウェーバーは支配を、命令に対して服従が得られる可能性として定義していた。暴力による支配の保証とは、したがって、服従が得られる可能性を暴力によって強化することにほかならない。問題となるのは、この暴力と服従との結びつきである。フーコーによる暴力と権力の区別を参照しながら、それがどのような問題なのかを確認しよう。

フーコーによれば、暴力と権力はつぎのように区別される。

じじつ、権力関係を定義するのは、行為の様態であり、それは他者たちに直接的・無媒介的にはたらきかけるのではなく、かれらの固有の行為にはたらきかけるのである。行為に対する行為、起こりうる、あるいは現実の諸行為に対する行為、未来または現在の諸行為に対する行為。〔これに対し：引用者〕暴力の関係は、身体や物にはたらきかける。それは強制し、屈服させ、打ちのめし、破壊する。それはあらゆる可能性を閉ざすのだ。それゆえ、暴力の関係のもとには、受動性の極しか残されていないのである。[*5]

＊4　ミシェル・フーコー『監獄の誕生』田村俶訳、新潮社、一九七七年、五二頁。
＊5　Michel Foucault, *Dits et écrits*, IV, Gallimard, 1994, p. 236（『ミシェル・フーコー思考集成IX』筑摩書房、渥美和久訳「主体と権力」、二四―二五頁）.

フーコーによれば、権力は人間の行為にはたらきかけるのに対し、暴力は人間の身体に直接はたらきかける。言いかえるなら、権力は他者に、ある行為をなすように、あるいはその行為のあり方を規定するように作用するのに対して、暴力は、相手の身体にそなわっている力能を物理的に上まわる力によって、その身体を特定の状態（監禁、苦痛、死……）に置くように作用する。いわば権力は他者の力を触発するのに対し、暴力はそれを物理的に押さえ込むのだ。したがって、暴力の関係には「受動性の極しか残されていない」が、権力の関係においては、行為者に多少なりとも「能動性」が残されている。[*6]

権力と暴力の以上のような区別からいうと、暴力によって服従させることは、どのような実践として位置づけられるだろうか。たとえば「武器によって脅すことで便所掃除をさせる」というのは、暴力として考えられるべきか、権力として考えられるべきか。

これは一見すると暴力のほうに分類されそうだが、それは正しくない。というのもこの場合、武器は脅しの道具としてあくまでも行使可能性にとどまっており、そこには他者の身体に直接的・無媒介的に作用するものはなにもないからだ。言いかえるなら、脅された相手には、なおもいくばくかの「能動性」が残されている。どのような能動性か。それは、「おとなしく服従して便所掃除をするか、あるいは相手の暴力に対峙するか、あるいは逃げるか」といった枠のなかで行為しうるという「能動性」である。

武器による脅しがフーコーのいう暴力にあてはまらないとすれば、この場合、どのよう

＊6　フーコーによるこうした暴力の規定に対しては、つぎのような疑問が出されるかもしれない。つまり、たとえば医者が手術において患者の身体を切るとき、そこには人間の身体に直接作用するような力がはたらいているが、それも暴力として考えるべきなのか、と。

こうした疑問の立て方は、しかし、フーコーの着想をうまくとらえていない。むしろ次のように問うべきである。すなわち、「身体に直接作用する」というはたらきからみれば暴力として考えられる医者の手術が、なぜ社会的には〈暴力〉として現象しないのか、と。

なぜそれが〈暴力〉として現象しないのかといえば、「患者の身体を切る」という行為がそこではさまざまな権力コードによって周到に規定されているからである。たとえば、「患者の身体を切る」ことができる権限をもつ医者という資格をめぐる権力コードがあり、また、手術をすることを決定する段階から手術の完了までに必要な手続きをさだめた権力コードがある。こうした権力コードから逸脱すれば、患者の身体を切るという行為はたちまち〈暴力〉として現象し、国家による取り締まりの対象となる。

どのような暴力が〈暴力〉として現象するのかは、それをとりまく権力コードのあり方にかかわっている。国家が特定の行為を〈暴力〉として告発し取り締まるのも、そうした権力コードにもとづいてだ。フーコーの権力論は、こうした権力コードがどのようなロジックをもち、どのように歴史的に変遷してきたのかを分析することを主要なテーマのひとつにしている。医学をめぐる権力コードの分析については、とりわけフーコー『臨床医学の誕生』（神谷美恵子訳、みすず書房、一九六九年）を参照。

フーコーが権力と暴力を、作用する仕方の違いによって区別するのは、彼のこうした権力分析のあり方と深くかかわっている。社会的な規範を前提として暴力を定義してしまうのなら、暴力が社会のなかでどのような権力コードによって処理されているのかが見えなくなってしまう。作用の仕方にもとづいて暴力を概念化することは、そうした権力コードを可視化しうるという利点をもつのである。

な事態が暴力として考えられるべきだろうか。それはたとえば、相手の手にブラシを固定し、力ずくで相手の手をうごかして便器を磨かせるといった事態である。そこでは、相手はたんに力によって特定の状態におかれるだけで、たしかにそこには「受動性の極しか残されていない」。

要するに、「暴力をつかうぞ」と脅すことによって服従させることと、暴力の行使そのものとは区別されなくてはならない。暴力を行使するぞという脅しによって服従させることは、フーコーの区別でいえば権力に分類される。というのも、服従においては、たとえそれが暴力への恐怖にもとづくものであろうと、実際に相手によって特定の行為がなされなくてはならないからだ（この場合「禁じられた行為をなさない」というのも行為の一形態にふくまれる）。暴力による脅しは、恐怖というかたちで相手の行為を一定の仕方で触発する。フーコーは権力の行使を、「たがいに相手の可能的な行為領野を構造化する仕方」として定義している。[*7] つまり、暴力による脅しとは、「相手の可能的な行為領野を」恐怖によって「構造化する仕方」にほかならない。[*8]

この点にかんしてニクラス・ルーマンは、フーコーとは異なる権力概念にもとづいてではあるが、次のように述べている。

それゆえ、権力は、具体的に明確に定められた何事かをなすべきだとする強制とは、区別されなければならない。強制を受けるとき、彼の選択可能性はゼロに下がってしまう。強制は、極端な場合には、物理的な暴力の行使ということになり、ひいては、他者が聞き入れない行動を自分で代ってするという結果になる。*9

ルーマンはこの引用文につけられた註で、さらにこう述べている。「物理的暴力のこの

*7　Foucault, *Dits et écrits*, IV, p.239（前掲、二七頁）.

*8　ただしフーコーの権力概念には、「命令に対する服従」というモメントは含まれていない。それどころかフーコーは、命令をくみたてる「主体の決定」というものに権力をむすびつける発想を批判している。「権力の関係は、意図的であると同時に、非‐主観的であること。事実としてそれが理解可能なのは、それを「説明して」くれるような別の決定機関の、因果関係における作用であるからではなく、それが隅から隅まで計算に貫かれているからである。一連の目標と目的なしに行使される権力はない。しかしそれは、権力が個人である主体＝主観の選択あるいは決定に由来することを意味しない」（『知への意志』渡辺守章訳、新潮社、一九八六年、一二二頁）。とはいえ、フーコーのこうした規定は、暴力による脅しを権力として分類することをけっして妨げるものではない。というのも、そこにはやはり「可能的な行為領野を構造化する」という機能があるからであり、権力をとらえるためにはそうした機能にだけ注目すればよいからである。フーコーの批判はむしろ、「主体の決定」などの観念によって、こうした機能から権力をとらえることが阻害されてしまうことに向けられている。

*9　ニクラス・ルーマン『権力』長岡克行訳、勁草書房、一九八六年、一三頁、強調原文。

適用例――他人の身体を、たとえば空間におけるその姿勢を変えさせるために動かす――は、権力を形成するための物理的暴力の象徴的な使用と注意深く区別されなければならない」(同、一七四―一七五頁)。

それでは、暴力による脅しと暴力の行使そのものとの違いは、なにを意味するだろうか。それは、暴力の行使それ自体によっては服従を獲得できない、ということである。暴力による服従の獲得が問題になっているとき、そこではつねに暴力は行使可能性のまま背後にとどまっていなくてはならない。

もちろんそのときでも、脅しの効果を高めたり、こちらが発動できる暴力を相手に知らしめたりするために暴力が行使されるということはあるだろう。しかしその暴力の行使は、いまの例でいうなら、けっして「便所掃除をさせること」自体ではない。暴力の行使そのものは、相手に痛みやケガや死といった「身体の状態」しか引きおこさないからだ。服従においては、ともかくも相手に定められた行為をしてもらわなくてはならない。その行為がなされるあいだは少なくとも、暴力は行使されてはならない(暴力の遂行はその行為をじゃましてしまう)。暴力が行為の産出のために相手の可能的な行為領野を規定することができるのは、あくまでもそれが行使可能性にとどまっているかぎりにおいてなのである。

したがって、相手の服従が問題になる支配においては、暴力は自律的な手段にはなりえない。そこでは、暴力の行使そのものが目的の実現をもたらすわけではないからだ。これに対し、秩序の保証においては、暴力は自律的な手段になりうる。そこでは秩序に敵対する相手を物理的に排除しさえすればよいからである。支配の保証においては、こうはいかない。「服従するぐらいなら暴力に対峙したほうがマシだ」と相手に思われたとたん、暴力による支配の保証は失敗してしまう。逆にいえばそこでは、相手から服従が得られるなら、暴力に訴える必要はかならずしもないのである。

このことは言いかえるなら、支配においては、行為を産出するという権力の目的に暴力が従属するということだ。たしかに暴力による脅しは権力を形成することができる。そしてそれによって、特定の行為がなされる可能性をたかめることができる。しかしそれはあくまでも、暴力が権力のためにもちいられるということであり、そこでは暴力は「権力化」されねばならない。暴力による支配の保証とは、暴力の行使可能性にもとづいた権力の実践にほかならない。

先にみたように、国家は、秩序と支配の保証のために、より強い暴力をもちいようとする運動によって定義される。しかしその暴力の実践は、シュミットが想定したような敵の物理的な排除からおおきくはみ出すものだ。暴力が支配の道具になりうるためには、暴力とは機能的に区別される権力と結びつかなくてはならない。権力のはたらきとは、特定の様態のもとで行為が産出されるように行為の領野を構造化することである。そうした権力のはたらきに統合されることで、暴力は国家の生成原理となるのである。

3　暴力と権力の規範的区別と機能的区別

こうして問題となるのが、暴力と権力の結びつきである。ここでは、「暴力について」と題されたハンナ・アーレントの暴力論を導きの糸にしながら、暴力と権力の関係について考えていこう。

アーレントの暴力論を取りあげるのには理由がある。というのも、そこでアーレントは、われわれの考察とは逆に、暴力と権力の結びつきによって国家をとらえるような思考を批判しているからである。アーレントは言う。

権力の現象についての議論を検討していくと、左翼から右翼にいたるまでの政治理論のなかに、暴力は権力の最もあからさまな顕現にほかならないという合意が存在することにすぐさま気がつく。*10

アーレントによれば、暴力と権力はまったく別のものであり、両者は明確に区別されなくてはならない。しかし多くの政治理論において両者はほとんど同じものとして扱われている。それどころかそこでは、「暴力と権力とを区別することの重要性」（同、一二六頁）

すら認識されてはいない。

こうしたアーレントの指摘はじゅうぶん同意できるものだ。実際の国家において暴力と権力がいかに絡みあっていようと、理論的・概念的なレベルでは両者は区別されなくてはならない。さきにわれわれはフーコーを参照しながら権力と暴力を区別しておいた。権力と暴力を概念的に区別することで、はじめて両者の結びつきを問題にすることも可能となる。

しかしアーレントが暴力と権力を区別するのは、両者の結びつきを思考するためではない。そうではなく、両者がたがいに対立するものであることを示すためである。

要約しよう。政治的にいうとすれば、権力と暴力は同一ではないというのでは不十分である。権力と暴力とは対立する。一方が絶対的に支配するところでは、他方は不在である。暴力は、権力が危うくなると現れてくるが、暴力をなすがままにしておくと最後には権力を消し去ってしまう。……暴力は権力を破壊することはできるが、権力を創造することはまったくできない(同、一四五頁)。

＊10 ハンナ・アーレント「暴力について」、『暴力について　共和国の危機』山田正行訳、みすず書房、二〇〇〇年、一二四頁。

こうしたアーレントの考えは、暴力は権力のために活用されうると考えるわれわれの認識とは正面から対立するだろう。暴力による脅しは権力としてみなされるべきであり、暴力はそのとき権力的な目的にしたがって運用される。これがこれまでの考察で示されたことである。しかしアーレントは、暴力による脅しを権力とはけっして認めない。

暴力はつねに権力を破壊することができる。銃身から発する命令は最も効果的な命令であり、一瞬にして最も完全なる服従をもたらす。銃身からはけっして生じえないもの、それは権力である（同、一四二頁）。

もちろん、アーレントのもちいている権力と暴力の概念が、われわれの概念と内容的に異なるならば、右のような対立は見かけだけのものにすぎないことになるだろう。重要なのはだから、アーレントが権力と暴力によってなにを意味しているかということである。それによっては、右の対立も、アーレントとわれわれの近さを示すものとなるかもしれない。

アーレントは権力と暴力をつぎのように定義している。

権力（power）は、ただたんに行為するだけでなく［他者と］一致して行為する人間の能力に対応する。権力はけっして個人の性質ではない。それは集団に属すものであり、集団が集団として維持されているかぎりにおいてのみ存在しつづける（同、一三三頁、強調も［ ］もともに原文による）。

最後に暴力（violence）は、すでに述べたように、道具を用いる《インストルメンタル》という特徴によって識別される。現象的にみれば、それは力に近い（同、一三五頁、強調原文）。

アーレントによれば、権力にとって本質的なのは「他者と一致して行為する」という点である。これに対し、暴力は力にかかわるものであり、道具をもちいて相手の力を凌駕しさえすれば、暴力の契機をつくりだすことができる（したがってこの場合は「殴るためのこぶし」も道具のなかに含まれることになるだろう）。アーレントはいう。

実際権力と暴力との最も明白なる相違点の一つは、権力はつねに数を必要とするのにたいして、暴力は機器に依存するがゆえにある点までは数がなくてもなんとかやっていけるという点にある（同、一三〇—一三一頁）。

こうした定義からわれわれは、なぜアーレントが「銃身から発する命令」を権力として認めないかを理解することができるだろう。つまりそれは、「銃身から発する命令」が、銃によってもたらされる力の優位性によって、相手との「一致」がなくても特定の行為をさせることができるからである。この「一致」の有無こそが権力と暴力を分離する。「銃身から発する命令」も、それが命令であるかぎり、相手が特定の行為をなすことを目標としている。他者のもとで特定の行為がなされるという点だけをみれば、暴力も権力とおなじような効果をもたらしうる。しかし暴力においては「他者と一致して行為する」というエレメントが決定的に欠けているのである。

「権力の失墜は暴力をもって権力に代えようとする誘惑となる」とアーレントはいう（同、一四三頁）。つまり、相手との「一致」を超えて特定の行為をさせようとすれば、暴力という力の優位性にたよらざるをえない。だからこそ、権力と暴力とは対立するのであり、権力が危うくなれば暴力が伸長してこざるをえない、と。

要するに、アーレントにおいては、他者のもとで特定の行為がなされるという点においては権力と暴力は区別されえず、ただ「一致」の有無だけが両者を分ける。したがって問題となるのは、この「一致」によって実際に暴力と権力を区別することができるのかということだ。

「他者と一致して行為する」といわれるとき、その「一致」は、同意、納得、協調などを意味するだろう。しかしそうした「一致」の存在はどのように測定されうるだろうか。

たとえば「仕方なく同意する」という場合、それは「他者と一致」したことになるのかどうか。また「仕方なく同意する」といっても、いろいろなケースがある。

「昼食にはラーメンを食べたいが、友達がソバにしようというので〈仕方なく〉ソバにする」。

「子供が泣きわめくので〈仕方なく〉お菓子を買ってやる」。

「給料がほしいので〈仕方なく〉働く」。

「銃身を突きつけられたので〈什方なく〉便所掃除をする」。

「他者との一致」を基準とするなら、これらのケースを一貫したやり方で権力と暴力のあいだに振り分けることはできなくなるだろう。子供が自分の要求を通すために泣くことは、相手に「仕方なく同意」させるための――子供なりの――実力行使にほかならない。これと同様に、銃身をつきつけて命令することも、こちらの要求に「仕方なく同意」させるための実力行使なのだ。

ここで次のような反論がなされるかもしれない。つまり、右の例においては「銃身を突きつける」という点こそが暴力と権力を区別するのであり、だからこそアーレントは暴力の定義に「道具を用いるという特徴」を入れているのだ、と。

しかしこの反論には意味がない。というのも、ここで問題になっているのは「道具を用いることで同意させる」という事態であるからだ。つまり「道具を用いるのが暴力で、一致（同意）にもとづくのが権力」という定式そのものの妥当性が問われているのである。もし「道具を用いることで同意させる」という事態を「道具を用いている」という理由で暴力に分類するならば、同意（一致）の存在は——暴力のなかにも見いだされることになり——権力の定義づけとしては意味をなさなくなる。それは、アーレントの理論構成そのものの崩壊につながるだろう。

アーレントの誤謬は、道具を用いなくては得られないようなものは同意ではないと考えたところにある。つまり、武器による脅しによって得られるのは真の同意ではなく、強制された同意である、と。しかしそうした発想では〈仕方なく同意する〉という事態をうまく位置づけることができない。実際には、〈仕方なく同意する〉という事態は、程度の差こそあれ、他者との関係のなかで特定の行為がなされる場面の多くにあてはまる。そうした事態をうまく位置づけられないというのは、暴力と権力の区別を考えるうえで決定的な弱点となるだろう。

銃身を突きつけられて〈仕方なく〉服従するとき、そこにあるのはやはり「同意」である。強制されたものであるにもかかわらず、なぜそれを「同意」であると言えるのか。それは、「暴力に晒されるぐらいなら服従したほうがいい」という選好がそこで働いているからだ。つまりそこには、よりマシなほうを選ぶという、あらゆる「仕方のない同意」に共通した納得の構造が見いだされる。

逆にいえば、暴力による脅しは、相手が「それをするぐらいならその暴力に対峙したほうがマシだ」と思わない範囲内のことしか相手に命令することができない。暴力による脅しは、特定の文脈をこえて誰に対しても命令することを可能にするとはいえ、やはりそれは無条件的なものではないのだ。暴力が服従を得るためには、相手の服従を動機づけるような選好関係や力関係をくみたてることができなくてはならない。そこにこそ、暴力が権力と結びつく根拠があるのである。*11

近代国家理論のパイオニアであるホッブズが、国家の成立の基盤としてもってくるのも、こうした「同意」を介した暴力の権力的な使用である。

一般にホッブズの国家理論はつぎのようなものとして理解されている。つまり、自然状態におかれた人びとが、その自然状態がもたらす「各人の各人に対する戦争」を終わらせるために、たがいに契約（信約ともいわれる）をむすびあい、かれらすべてを強制する共通権力をうちたてることによって国家が設立される、と。

こうしたホッブズ理解は、ホッブズ支持者だけでなく、ホッブズを批判する側においても、ひろく共有されている。しかしこうしたホッブズ理解は、かれの契約（信約）概念の把握としては十分なものではない。というのもホッブズは、次のような信約をよりプリミティヴなものとして考えているからだ。

まったくの自然の状態で、恐怖によってむすばれた信約は、義務的である。たとえば、私が敵に対して、自分の生命とひきかえに、身代金または役務《サーヴィス》を支払うことを信約すれば、私はそれに拘束される。すなわち、それは、一方が生命についての便益をえて、他方がそのかわりに貨幣または役務をえるという契約であり、したがって、(まったくの自然の状態においてのように)ほかにその履行を禁止する法がないところでは、その信約は有効である。*12

ホッブズによれば、「殺すぞ」と脅されて服従を約束した場合、そこには契約が成立する。というのも、脅された方はそれによって「殺されずにすむ」という便益をえて、脅した方は相手の服従という便益をえるからだ。つまりそこでは相互的な便益がなりたつ。そしてその契約は、脅された方が恐怖を感じているあいだは効力をもつだろう。

*11 誤解のないように付言しておく。われわれが強制された服従に「同意」を認めるのは、けっして強制そのものを正当化したいからでもなければ、強制と同意の区別を無効化したいからでもない。あくまでもそれは、暴力が権力的にもちいられる場面を理論化するためである。たとえばレイプなどのケースにおいては、それが強制だったのか、同意にもとづいたものだったのかがつねに争点となる。そこでは暴力が正当化されるのは、強制にすぎないものを同意とみなす

レトリックによってだ。そうしたレトリックを批判するためには、アーレントによる暴力と権力の規範的な区別はけっして有効性を失っていない。

「仕方のない同意」や「強制された同意」が社会的行為の多くを構成しているからといって、強制と同意のあいだの線引きが重要ではなくなるわけではない。ある行為が社会的に処理されるためには、その行為の意味が重要な要素となる。その行為が強制されたものか、同意にもとづくものかという問いは、そうした行為の意味を確定するための主要なファクターのひとつにほかならない。

したがって、同じ「仕方のない同意」でも、どこまでが強制で、どこからが同意かという問いが、社会的な行為の腑分けにおいてはつねに問題となる。たとえば、労働者が工場を占拠して会社の経営者に賃上げを「仕方なく同意」させる場合は強制として分類されるのに対し、経営者がクビにするぞというプレッシャーをかけて労働者に残業することを「仕方なく同意」させる場合は同意として分類される、というように。こうした分類は、一言でいえば社会的な権力関係のもとで決定されており、その権力関係のあり方を変更するためにも、強制と同意の線引きに介入することは重要性をもつ。

ただし付け加えるならば、レイプの問題においても、「暴力そのものの行使」と「暴力の行使可能性にもとづいた服従の獲得」との区別がまったく無効となるわけではない。というのも、その区別によってこそ、性暴力の特殊性があきらかになるからだ。

レイプにおいては、相手の「同意」や「命令に従う行為」がまったくなくても、暴力だけで目的を達成することができる。相手の身体をあつかうことが目的となっているばあい、相手よりも大きな物理的力を行使できるということだけが、目的を達成するための条件となるからだ。身体そのものの獲得が目指されているとき、その身体から行為をひきだす必要はかならずしもない。だからこそ、レイプにおいてはよけいに相手の抵抗の意志をくじきやすく、したがって服従行為も導きやすくなる。強制にすぎないものを同意とみなすレトリックが使われやすいのも、もとはといえば、「同意」を経由することなく目的を達成できるという性暴力固有の構造があるからにほかならない。

＊12　トマス・ホッブズ『リヴァイアサン（二）』水田洋訳、岩波文庫、一九九二年改訳、二二九頁。

ホッブズが「恐怖によって強要された信約は、有効である」（同、二二九頁）と主張するのは、暴力によって脅された側に「同意」があるからにほかならない。すなわち「言うことをきくから暴力はやめてくれ」という「同意」である。その「同意」が暴力を権力に変える。

いまの引用でホッブズが、こうした信約を自然状態においてのみ成立するものであると述べていることに注意しよう。つまりその契約は、すでに形成された国家の内部での契約を指しているのではない（その場合には、暴力によって強要された契約は国家によって無効とされる）。そうではなく、その契約は、自然状態から国家が生成する根拠としての契約を指している。言いかえるなら、暴力による脅しとそれに対する服従への同意こそが国家の存立基盤になっているのだ。

アーレントは「暴力について」の前半部分で、暴力を思考することがどれほど政治をめぐる考察にとって重要かを力説している。

歴史や政治の考察に携わる者は、暴力が人間の事柄においてかねてから果たしてきた役割の途方もない大きさに気がつかないではいられないものだが、逆に暴力が特別な考察の対象としてほとんど取り上げられてこなかったことは、一見すると驚くべきことである。……このことは、暴力とその属性がどれほど自明視され、それゆえ無視されてきたかを示している。[13]

このアーレントの指摘にわれわれは全面的に同意する。この指摘は、本書全体における
われわれの考察のモチーフをあらわしているといっても過言ではない。
しかし、暴力をめぐるアーレント自身の考察は、暴力と権力の区別という点にかんする
かぎり、かならずしも十分なものとはいえない。その理由は、アーレントが他者との一致
という規範的な基準によって両者の区別をたててしまったところにある。暴力の行使その
ものと暴力による脅しとをアーレントが区別できない理由もここにある。他者との一致と
は、行為者の動機のレベルに位置する基準であり、それによって暴力と権力を区別するに
はあまりにも「主観的」なのだ。

われわれがフーコーによる暴力と権力の区別に依拠するのは、その区別が両者の作用の
違いという機能的な基準によって打ち立てられているからである。機能的な基準にもとづ
くことではじめて、暴力による脅しというケースも十全に位置づけることができる。
特定の行為が産出されるよう行為の領野を構造化するという権力のはたらきからみれば、
その行為がどのような動機によってなされるかは二次的な問題にすぎない。このことは、

*13 『暴力について　共和国の危機』一〇二頁。

命令に対する服従の場合でも変わりがない。命令が定める行為がなされるという事態にくらべれば、それが恐怖にもとづくのか、希望にもとづくのか、命令者への特別な感情にもとづくのかは、たいした問題ではない。もちろん命令のなかには、服従する態度まで定めてくるものもある（たとえば反抗的な態度で服従することを禁じるような命令）。しかしそのときでも、被命令者がどのような態度で服従しているかは、かれの行為をつうじてしか判断することはできない。

スピノザはつぎのように述べている。

統治権の権利と力とが奈辺まで及ぶかを正しく理解する為に注意しなくてはならぬのは、統治権の力は人間を恐れに依って強制し得るところのことにのみ存するのではなくて、凡そ人間を自己の諸命令へ服従せしめ得るあらゆる手段の中に存するということである。何故なら、臣民を作るものは服従の理由ではなくて服従自体だからである。蓋し如何なる理由に依って人間が最高権力の諸命令を果すべく決意しようとも、——即ち刑罰を恐れる為であろうと、何らかの利益を希望する為であろうと、国家を愛する為であろうと、その他の何らかの感情の故にであろうと、彼はやはり最高権力の命令に従って為すのである、たとえ彼が自分自身の意向から決意する場合でも。*14

スピノザが命令に従うことを動機づける感情に価値的な区別を設けないのは、服従という行為の実現からみればその動機は副次的なものでしかないからである。どのような感情にもとづくにせよ、服従そのものは行為をつうじてしか確証されえない。暴力による脅しとは、限定された行為を相手から引き出すためのひとつの権力技術にほかならない。しかしアーレントは、その行為を動機づける感情の価値的・規範的な区別にこだわりすぎるために、暴力が権力的に使用されるという事態をみずからの暴力論のなかに位置づけることができないのである。

4　権力による暴力の組織化と加工

とはいえアーレントは、暴力と権力が結びつくあらゆる可能性を否定しているわけではない。アーレントはこう述べている。

権力と暴力は、はっきり異なった現象ではあるが、たいてい一緒に現れる。この二つが結びついている場合には、つねに権力の方が主要かつ優越した要因であることは知ら

＊14　スピノザ『神学・政治論（下）』畠中尚志訳、岩波文庫、一九一頁。

れている。*15

ここでアーレントが想定している権力と暴力の結びつきとは、これまで述べてきたような暴力の権力的な使用のことではない。では、それはどのような事態を指しているのか。アーレントの次の言葉はそれを説明している。

もっぱら暴力の手段だけにもとづいているような政府はいまだかつて存在したためしがない。拷問を主要な支配の道具とする全体主義支配者でさえ、権力の基礎を必要とする――それが秘密警察とその密告者網である。……われわれが知っている最も専制的な支配である、数のうえではつねに主人にまさる奴隷にたいする主人の支配ですら、強制の手段そのものの優越に依拠するのではなく、権力の組織化の優越――すなわち、主人たちの組織された連帯に依拠するのである。みずからを支持する他者を欠いた単独者たちは、暴力を首尾よく行使するだけの権力をけっしてもたない(同、一三九頁)。

アーレントが権力と暴力の結びつきとして想定しているのは、「暴力を首尾よく行使する」ために権力をつうじて人びとが組織化されるという事態である。多数者に対する少数者の支配がなりたつのも、そうした「権力の組織化の優越」があるからだ。「組織された連帯」によって、少数者でも、支配の手段としての暴力をより強力かつ有効にもちいることができる。

つまりここで言われている権力と暴力の結びつきは、われわれがさきに暴力の組織化と呼んだものに対応している。暴力は人びとの「組織された連帯」によって、より強力なものとなる。ひとつの地域のなかで暴力の優位性を確保するためには、人びとの組織化が不可欠だ。より強い暴力のあり方をめざして、人びとは互いにむすびつく。暴力の組織化とは、暴力の強力かつ有効な行使のために人びとの関係が一定のかたちに編成されることにほかならない。

ホッブズはこうした組織化を「人びとの力の合成」と呼ぶ。「人間の力のなかで最大のものは、きわめて多数の人びとの力の合成であ……る。したがって、召使をもつのは力であり、友人をもつのは力である。なぜなら、かれらは合一された力であるからである」[*16]。

ホッブズによれば、人びとの力の合成がなぜおこるのかといえば、それは、人びとの諸能力が根本においてはほとんど平等にできているからである。つまり、各人は他を圧倒するだけの暴力を単独ではもちあわせていない。そうした圧倒的な暴力が発揮されるために

*15 『暴力について　共和国の危機』一四一頁。
*16 『リヴァイアサン（一）』一五〇―一五一頁。

は、必然的に、よりおおくの人びとの諸力が組みあわされ、合成されなくてはならないのである。

ホッブズはいう。

自然は人びとを、心身の諸能力において平等につくったのであり、その程度は、ある人が他の人よりも肉体においてあきらかにつよいとか、精神のうごきがはやいとかいうことが、ときどきみられるにしても、すべてをいっしょにして考えれば、人と人とのちがいは、ある人がそのちがいにもとづいて、他人がかれと同様には主張してはならないような便益を、主張できるほど顕著なものではない、というほどなのである。すなわち、肉体のつよさについていえば、もっとも弱いものでも、ひそかなたくらみにより、あるいはかれ自身とおなじ危険にさらされている他の人びととの共謀によって、もっとも強いものをころすだけの、つよさをもつのである(同、二〇七頁)。

人間の諸能力におけるこうした平等性が、暴力の組織化を必然化する。たとえば、他を圧倒しようとして、単独で行き当たりばったり暴力を行使しても、それはけっして暴力の優位性を確保することにはならないだろう。そこでは、自分より強大な暴力を行使する者に出会ったり、また自分も不意に襲われたりする危険がつねにのこる。

暴力の優位性をできるだけ安定的に手に入れるためには、仲間をみつけ、かれらと協働しながら攻撃し、防衛し、武器をつくり、そのための物資を確保し……といったことが不可欠だ。より多くの人びとのあいだでかれらの諸能力が集団的に運用されることで、暴力は強化され、有効にもちいられるようになる。暴力の組織化とは、よりつよい暴力を有効に行使するための、人的・物的資源の集団的な活用にほかならない。

あらゆる国家の存立基盤となっているのは、暴力の優位性を確保するための、暴力の組織化の運動である。その組織化のモーメントをアーレントが権力として考えていることは重要である。というのも、この文脈においては、アーレントの権力概念をフーコーのそれに接続することが可能であるからだ。

先にみたように、アーレントは権力を「集団が集団として維持されているかぎりにおいて」「他者と一致して行為する人間の能力に対応する」ものとして定義している。暴力が組織化されるためには、人びとが一致して行為することで「集団が集団として維持される」ことが不可欠だ。さきの引用でアーレントは、権力と暴力が結びつく場合には「つねに権力の方が主要かつ優越した要因である」と述べていた。暴力が組織化され、強大化されるのは、人びとを協働させ、かれらの行為を接合する権力のはたらきにもとづくことによってなのである。

同様の観点はフーコーにも見いだされる。すでに確認したように、フーコーは権力のはたらきを、行為に対する行為をつうじて行為領野が構造化されていくこととしてとらえている。言いかえるなら、特定の様態のもとで人びとの行為がたがいに連接されるところに権力は見いだされる。フーコーが権力をつねに関係性においてとらえる理由もここにある。「権力の関係のもつ厳密に関係的な性格」をフーコーは強調する。[*17] 人びとのあいだで特定の行為関係の布置がうまれることと、権力のはたらきは切りはなせない。

こうした権力のはたらきをつうじて暴力は組織化される。フーコーはいう、「国家は権力諸関係の制度的統合のうえになりたっている」、と（同、一二四頁）。人びとの諸行為がそれをつうじて連接される権力諸関係そのものの制度化によって、国家は成立するのだ。フーコーは権力を「微視的物理学《ミクロフィジック》」として概念化している。[*18] ここから、国家や支配という「マクロ」な事象を、権力にとってのいつわりの問題だとしりぞける発想が数多くだされてきた。しかしそれは、フーコー権力論の理解としても、国家の把握としても十分ではない。

反対に、フーコーの権力論は、国家を思考するためのひとつの可能性を示している。人びとの諸行為がいかなる様態のもとで産出され連接されるのかを分析するフーコーの権力論は、暴力が組織化され、集団的に行使されるあり方を思考することにダイレクトにつながってくるのだ。

ここまでの考察で次のことが理解されるだろう。

国家の成立基盤には、暴力と権力のあいだの相乗的な関係がある。つまり、一方で権力は、暴力の組織化を可能にし、それによって暴力をより強大なものにする。と同時に、他方で暴力は、否定的なサンクションの発動可能性として機能することで、人びとから特定の行為をみちびきだし特定の行為関係を実現する権力のはたらきを補強する。国家は、暴力をつうじた権力の実践と、権力をつうじた暴力の実践との複合体として存在するのだ。

ただし、権力による暴力の組織化には、特定の行為関係を産出するという以上の権力のはたらきがあることに注意しよう。というのも、暴力が組織化されるためには、人びとの暴力性を集団化するための独特の権力機制がはたらかなくてはならないからである。

暴力の組織化とは、暴力の集団的な運用のことである。つまりそこでは、集団の目的のために暴力へと身を投じることをそのメンバーたちに命じ、かつ、かれらのあいだでは暴力の盲目的な発露をおさえるような機制がはたらかなくてはならない。目的のために集団として暴力をもちいることは推進されるが、その集団の内部で暴力を行使することは――たとえそれが集団の目的とおなじ目的のために行使されるものであっても――徹底的に抑制される。

＊17 『知への意志』一二三頁。

＊18 ミシェル・フーコー『監獄の誕生』田村俶訳、新潮社、一三〇頁。

暴力を集団化するこうした機制を、「暴力の加工」と呼ぶことができるだろう。それはたんなる暴力の排除や消去ではない。そこでは、個々人がもつ暴力への傾動は、集団の内部においては極力抑えられるが、集団のレベルではむしろ積極的に引き出され、一定の方向のもとで爆発させられる。暴力が抑制されるのは、あくまでも、よりおおきな暴力を効果的にもちいるためなのである。

こうした暴力の加工をともなうという点で、暴力の組織化は、権力による他の社会編成から区別される。フーコーが国家を権力諸関係そのものとしてではなく、その「制度的統合」として規定するのは、国家が暴力の加工のうえになりたっていることと無関係ではない。

ドゥルーズ＝ガタリは、無秩序で盲目的な暴力のあり方とむすびついた「戦争機械を制度的な枠の内部に組み入れる」ことのなかに、国家の本質的な契機を見いだしている。[*19] 個々ばらばらな暴力への傾動が集団的・制度的な暴力の実践へと加工されることをつうじて国家は成立するのだ。ドゥルーズ＝ガタリは国家による戦争機械の制度化を「世界史的見地から見て最重要問題の一つ」として位置づけている。

世界史的見地から見て最重要問題の一つは次の問いである——いかにして国家は戦争機械を自分の物にするか、つまり、いかにして国家自身の尺度と支配と目的に合わせて戦争機械を構成するのか？　またいかなる危険をおかしてか？〈軍事制度あるいは軍隊と呼ばれるのは決して戦争機械それ自体ではなく、まさしく戦争機械が国家によって所有される形態である〉（同、四七三頁）。

あらゆる軍事組織や暴力集団において規律や同胞愛があれほど重視されるのは、暴力の組織化が暴力の加工をともなっているからである。国民国家とは、暴力の組織化が、国民として措定された住民全体へと拡張された国家形態にほかならない。だからこそ、そこでは規律と同胞愛が、直接には面識のない住民全体に課せられるのである。

スピノザによれば、暴力の加工において主要な権力機制となっているのは、〈類似をつうじた感情の模倣〉である。スピノザはこう述べている。

定理二七　われわれは、われわれに似ているものがあると、それにたいしていかなる感情ももたないのに、それがある感情に動かされるのを想像される場合、ただそれだけで、それと似た感情に動かされる。[*20]

*19　ドゥルーズ＝ガタリ『千のプラトー』宇野邦一他訳、河出書房新社、一九九四年、四八一頁、強調原文。

*20　スピノザ『エティカ』工藤・斎藤訳、中公バックス、一九八〇年、第三部、二一〇頁。

たとえば、昆虫が殺されることよりも、犬や猫が殺されることのほうにわれわれが同情してしまうのは、昆虫よりも犬や猫のほうにわれわれが感情移入してしまうからである。その感情移入を方向づけるのが「自分に似ている」という――意識的または無意識的な――感覚にほかならない。同様に、おなじ人間のあいだでも、あまり自分に似ていないと思われる人間に降りかかる暴力のほうが、あまり自分に似ていないと思われる人間に降りかかる暴力よりも、より感情を刺激する。たとえば「外国人」が殺されるよりも「同国人」が殺されるほうが、より大きな同情を引きおこす、というように。

自分と似ていると思われるものに降りかかる暴力は見えやすく、同情や怒りを引きおこしやすいのに対し、あまり自分と似ていないと思われるものに降りかかる暴力は「暴力」として知覚されにくい。暴力が残酷で卑劣な「暴力」として知覚されるためには、類似をつうじた感情移入が必要なのである。

暴力の可視性をめぐるこうした機制が暴力の加工を可能にする。

類似というのは、言葉の意味のレベルにおいても、同類ということにつながっている（たとえばフランス語において semblable という単語は、「似ている、類似の」という意味と「同類、同胞」という意味をもっている）。類似を見いだすということは、同類だとみなすということだ。類似よりも差異のほうが強く見いだされる場合には、同類というカテゴリーはなりたたない。類似とはだから同一化の原理である。類似をつうじた感情の模倣によって、人びとは互いに同一化《アイデンティーファイ》しあい、集団的な同一性《アイデンティティ》を獲得していく。要するに、似ているという感覚が同胞意識を育て、その内側と外側で、暴力が知覚されるあり方や暴力が処理される仕方を差異化するのだ。集団が集団として成立し、暴力が集団的に運用されるようになるのは、類似にもとづく同胞意識の形成をつうじてなのである。

注意すべき点がふたつある。

まず、類似という場合、その意味はひろく解されなくてはならない。つまりそれは、外見の類似ということだけでなく、ふるまいや慣習の類似から、言語の共有、さらには超越的な価値（神のため、革命のため、人類のため……）の共有や、おなじカリスマ的な指導者に対する似たような感情（尊敬や愛）の共有、といったものも含んでいる。こういった類似すべてが同胞意識をうみだし、暴力の集団的な運用を可能にするのだ。スピノザは『神学・政治論』第十七章で、こうした類似をつうじてどのように暴力の組織化が古代ヘブライ神権国家においてなされたのかを分析している。

つぎに、類似とは、それがどれほど自明にみえても、客観的なものではなく、想像的なものである。類似が客観的にあらかじめ存在するから、感情の模倣が起こるのではない。それは、われわれの想像的なまなざしが何を類似として見いだすかということと切りはなせない。[*21]

このことは、人種や民族といったものが集団的な暴力行使の単位となっていることを考えるとき、きわめて重要となる。人種や民族とは、外見やふるまいの類似の意識をつうじて暴力を組織化するひとつの原理にほかならない。ある地域の住民全体が国民という集団的同一性をもつことができるのも、その原理にもとづいてである。ただしその類似はあくまでも想像的なまなざしによって見いだされるものであり、人種や民族が客観的なものとして超歴史的に存在しているわけではない。スピノザはいう。

然し自然は民族を創らずただ個々の人間を創るのみであり、個々の人間が言語、法律並びに風習の相違に依って始めて民族に区別されるのである。*22

スピノザが『エチカ』第三部で理論化しているのは、人種や民族をなりたたせる想像的なものの力学にほかならない。その力学をつうじて、人びとは互いに同一化しあい、集団化し、かれらの相互関係は情動的に編成されていく。

スピノザは国家の権利をつぎのように定義している。

……国家すなわち最高権力に属する権利は、各人の力によってでなく、多数者——あたかも一つの精神からのように導かれる——の力によって決定される自然権そのものにほかならない。[*23]

この定義は『エチカ』第三部の分析と接合されて読まれなくてはならない。すなわち、

＊21 これは数学的にもいえることだ。渡辺慧は『認識とパタン』（岩波新書、一九七八年）のなかで、「すべての二つの物件は、同じ度合の類似性を持っている」（一〇一頁）という定理を証明している。たとえば、白鳥と白鳥のあいだにある類似の度合と、白鳥とアヒルのあいだにある類似の度合は、数学的にみれば等しい。つまり、アヒルや白鳥といった類的区別は、自然のなかにはじめから存在している客観的な分類ではないのである。
「すべてのものが同じ程度に類似しているということは、類似などというもので類を形成することはできないということだからです。〔改行〕それゆえ、類というものは、全く勝手に集めた個物の集りに一つの名をつけたにすぎないということになります。これはまことに徹底した唯名論であって、……このような徹底的唯名論は、数学的基礎に立ったもので、これを打ち破ることはできないでしょう」（同、一〇二頁）。

にもかかわらず、じっさいには特定の対象のあいだにだけ類似が見いだされる。なぜか。それは、「我々の生活に対する有用性」や「我々の価値体系」（同、一〇四頁）に根ざしたまなざしが、特定の類似点だけを重要なものとして認識するからである。

おなじことは人種や民族についてもいえるだろう。白人と有色人、日本人とオランダ人といった区別は、客観的なものではなく、想像的なまなざしが見いだす類似の観念にもとづいた区別なのである。

＊22 『神学・政治論（下）』二二四頁。

＊23 スピノザ『国家論』畠中尚志訳、岩波文庫、一九七六年改版、三五―三六頁。

多数者の力が「あたかも一つの精神からのように導かれる」ためには、想像的なものの力学をつうじて彼らのあいだで暴力が加工されなくてはならない、と。その加工によって組織化された集団的な力が、国家をなりたたせるのである。

5　手段をこえる暴力？

アーレントの暴力論にもどろう。アーレントはそこで、政治の手段としてもちいられる暴力の危険性について、こう述べている。

暴力は、その本性からして道具的である以上、それを正当化しなければならない目的に到達するというところまでは理性的である。また、われわれが行為するときに、その最終的な結果がどうなるかについて何らかの確信をもって知ることはけっしてない以上、暴力が理性的たりうるのは短期的な目標を追求する場合だけである。[*24]

さらに、暴力の危険は、たとえそれが意識的に短期的な目標の、極端にならない程度の枠のなかに留まっているにせよ、つねに手段が目的を圧倒してしまうことにある。もし目標がすぐに達成されなければ、その結果はたんに敗北では済まず、政治体全体に暴力の実践がもちこまれることになろう。行為は不可逆的なものであり、敗北したときに現状へ戻ることはまずありえない。暴力の実践は、あらゆる行為と同様に、世界を変えるが、しかし最も起こりやすい変化は、世界がより暴力的になることである（同、一六七―一六八頁）。

アーレントは、暴力と権力を規範的に区別することにこだわるあまり、暴力の危険性を指摘するときには、その暴力を強化する権力の役割には目をつぶってしまう。しかしそうした弱点を抜きにしても、アーレントのこの指摘は重要である。むしろわれわれは、その弱点を補うかたちで、アーレントの指摘を読まなくてはならない。

アーレントの危惧は、手段としてもちいられる暴力が目的を圧倒して、独り歩きをはじめてしまう可能性に向けられている。

すでにみたように、手段としてもちいられる暴力とは、相手に特定の行為をさせるという権力の目的にしたがってもちいられる暴力のことだ。そこでは暴力は、目的の実現のために権力によるコントロールのもとに置かれる。つまり、アーレントが言うように、「暴力は、その本性からして道具的である以上、……目的に到達するというところまでは理性

＊24　『暴力について　共和国の危機』一六六頁。

的である」。

しかし、暴力による示威行為によって目的を獲得できなかった場合、その暴力はどうなるのだろうか。服従をこばむ相手に譲歩しないかぎり、後戻りはできないだろう。暴力による威嚇がたんなるこけおどしに過ぎなかったと相手に思わせないためにも、暴力をそのまま引っ込めることはできない。暴力は「敗北したときに現状へ戻ることはまずありえない」のだ。

また、権力の手段として暴力をもちいることは、それだけで、権力が特定の行為をうみだすために暴力に訴える傾向を強めてしまう。というのも暴力は——特定の状況を無視して行為を命じることを可能にするという点で——権力にとって「手軽な」手段であるからだ。こうした手軽さは、権力の目的のために暴力が呼びだされる可能性を、いとも簡単に高めてしまうだろう。手段としての暴力に頼りすぎることは、「政治体全体に暴力の実践がもちこまれる」ことを帰結し、「世界がより暴力的になる」事態をもたらすのだ。

こうして、目的のための手段としてもちいられるはずだった暴力は、権力のコントロールからはなれて独り歩きしていく。手段としての暴力が「目的を圧倒してしまう」のだ。いわばそこでは、手段という枠のなかで暴力が行使されるのではなく、暴力を行使することそのものが目的となってしまうような事態が生じるのである。

さらに、アーレントは直接言及していないが、次のような問題もある。

権力は、手段としての暴力をより有効かつ強力にもちいるために、暴力を集団的に組織化する。しかし、権力の目的をこえて暴力が独り歩きするとき、その組織化された集団的暴力そのものが暴走してしまうことになるだろう。

権力によって暴力が組織化されるということは、暴力のもつ盲目的で無軌道な性格が──暴力の加工をつうじて──特定のオーダーのもとで制度化されるということである。ドゥルーズ＝ガタリが、国家の契機を分子的な戦争機械の制度化のなかにみるのも、このことに関係している。

しかしそうした制度化は、それによって組織化された暴力そのものが盲目的に暴走してしまう可能性をけっして消すわけではない。たしかに暴力は、権力によって手段化され、組織化されることで制御可能で計算可能なものとなる。しかしそれは、組織化された集団的暴力そのものが権力のコントロールを凌駕していく危険と隣りあわせなのだ。そのときは、暴力が集団化され強化されている分、事態はより深刻なものとなるだろう。

これはけっして思弁的な問題ではない。というのも、ユダヤ人であるアーレント自身がその惨禍を被ったファシズムこそ、そうした〈暴走する集団的暴力〉のもっとも典型的で深刻な例だからである。

ドゥルーズ＝ガタリによれば、ファシズムは、「戦争機械が国家をのっとってしまう」ことによって成立する。[*25] 戦争機械の概念は、制度的統合にあらがうような分子的な暴力のあり方をさしている。ファシズムとはすなわち、組織化された集団的暴力そのものが制度の枠をつきくずして分子的に暴走してしまう暴力の形態にほかならない。この点で、ファシズムは全体主義と明確に区別される。全体主義とは、それがどれほど抑圧的であろうと、やはり統合され中心化された暴力にもとづく国家形態であるからだ。「ファシズムにおいては、国家は全体主義的であるというよりは、自殺的なのだ」(同、二六四頁)。

手段の枠からはずれた暴力への問いは、ベンヤミンの「暴力批判論」を読むデリダにも見いだされる。

前章でみたように、ベンヤミンはそこで、「手段としての暴力はすべて、法を措定するか、あるいは法を維持する」と述べている。こうした「手段としての暴力」をベンヤミンは神話的暴力とよぶ。ベンヤミンによれば、課題となるのは、この神話的暴力を停止させることである。というのもそれは、支配のための手段としてもちいられる暴力であり、「法の措定は権力の措定[*26]」とそこでいわれるように、権力の道具としての暴力であるからだ。

しかし、非難されるべきものは、いっさいの神話的暴力、法措定の――支配の、といってもよい――暴力である。これに仕える法維持の暴力、管理される暴力も、同じく非難されねばならない(同、六四―六五頁)。

ベンヤミンによれば、神話的暴力を停止させることができるのは、別のかたちの暴力である。それをベンヤミンは神的暴力とよぶ。それは「神話的暴力に停止を命じうる純粋な直接的暴力」（同、五九頁）にほかならない。

いっさいの領域で神話に神が対立するように、神話的な暴力には神的な暴力が対立する。しかもあらゆる点で対立する。神話的暴力が法を措定すれば、神的暴力は法を破壊する（同、五九頁）。

問題となるのはこの神的暴力の性格である。この暴力は、神話的暴力に対立するものである以上、〈手段としてもちいられる〉という性格をもっていてはならない。というのも、くり返すなら、「手段としての暴力はすべて、法を措定するか、あるいは法を維持する」からである。神的暴力とはだから、「そもそも手段としてではなく、むしろ何か別のしかたで目的にかかわるような暴力」として考えられなくてはならない（同、五四頁）。それは、

＊25 『千のプラトー』二六四頁。
＊26 ヴァルター・ベンヤミン『暴力批判論』野村修編訳、岩波文庫、一九九四年、五七頁。

目的のための手段という構図そのものを破壊するような暴力なのだ。

しかし手段としてもちいられるのではないような暴力とは、そもそもどのような暴力なのか。デリダの危惧はここに向けられる。なんらかの目的のために行使される暴力ではなく、発現すること自体が目的であるような「純粋な直接的暴力」とはなにか。デリダは問う、神的暴力をめぐるベンヤミンの概念構成は、ある誘惑を惹起しないだろうか、と。つまりそれは、ナチスによる「ホロコーストを、神的な暴力の解釈不可能な顕現として考えたいという誘惑」を引きおこさないだろうか、と。[*27]

もちろんベンヤミンはこうした危惧を、ありうるべき反論としてあらかじめ想定している。[*28]またベンヤミンは神的暴力を「血の匂いのない、衝撃的な、罪を取り去る暴力」として規定している（同、六〇頁）。つまりそれは、いわゆる「暴力」として一般的に認められているものに対立するのである、と。

前者（＝神話的暴力：引用者）が罪をつくり、あがなわせるなら、後者（＝神的暴力：引用者）は罪を取り去る。前者が脅迫的なら、後者は衝撃的で、前者が血の匂いがすれば、後者は血の匂いがなく、しかも致命的である（同、五九頁）。

しかし、とデリダはいう、だからこそよけいに、ホロコーストを神的暴力の顕現として考えようとすることがリアルで戦慄的なこととして迫ってくるのではないか、と。じじつベンヤミンはいまの文に続けてこう述べている。

ニオベ伝説と対照的な後者〔＝神的暴力：引用者〕の範例としては、コラーの徒党にたいする神の裁きがあげられよう。この裁きは予告もなく脅迫もなく、特権者たる祭司長《レヴィ》のやからを衝撃的に捕捉して、かれらを滅ぼしつくすまで停止しない。だが、まさに滅ぼしながらもこの裁きは、同時に罪を取り去っている。この暴力の無血的性格と滅罪的性格との、根底的な関連性は、見まがいようがない（同、五九頁）。

これを引用しつつデリダは次のようにいう。

*27 ジャック・デリダ『法の力』堅田研一訳、法政大学出版局、一九九九年、一九三頁。

*28 「純粋な暴力、ないし神的な暴力をこのように拡張することは、たしかに、まさに現在、とくに激烈な攻撃を招くだろう。このように論を進めれば理の当然として、ときには人間相互の、致命的な暴力までが野放しにされる、と指摘して反論するひとも出てくるだろう。この反論は認められない。なぜなら、「殺してもいいのか？」という問いにたいしては、確たる答えがあるからだ――「殺してはならない」という戒律として。この戒律は、神が行為の生起「以前にある」ように、行為の以前にある」（『暴力批判論』六〇頁）。

ガス室や焼却炉のことを考えるとき、無血的であるがゆえに罪を浄めるというような一つの絶滅化作用をほのめかすこの箇所を、戦慄を覚えることなしに聞くことがどうしてできようか。ホロコーストを、罪を浄める一作用としたり、正義にかなう暴力的な神の怒りの読み解くことのできない一つの署名としたりするような解釈の着想に、われわれは恐怖で震え上がる。*29

われわれはこうしたデリダの問いを、より国家の問題系にひきつけて考えることができるだろう。実際、ベンヤミンも神的暴力を国家の廃止という問題に明確にむすびつけている。

神話的な法形態にしばられたこの循環を打破するときにこそ、いいかえれば、互いに依拠しあっている法と暴力を、つまり究極的には国家暴力を廃止するときにこそ、新しい歴史的時代が創出されるのだ。*30

「国家暴力を廃止する」とは、支配のための手段としての暴力を廃棄するということである。しかしその暴力に、手段としてではないような暴力を対置することは、ひとつのアポリアを生みだしてしまう。そうした暴力は、目的合理性によるコントロールからはなれて、破壊そのものをみずからの顕現とするような危険をつねに伴っているからだ。その危険は、支配の暴力に対抗する側に「純粋な直接的暴力」としての破壊の運動をもたらしてしまうか、あるいは、「戦争機械が国家をのっとってしまう」ように、集団化された国家の暴力そのものを自殺的な破壊マシーンにかえてしまうだろう。

国家の支配に抵抗する対抗暴力の歴史がしめしているのは、まさにこうしたアポリアにほかならない。強固な支配のまえで困難な状況におかれるほど、対抗暴力は出口を失ってしまう。そこでは、対抗暴力はますますみずからの顕現そのものを志向せざるをえなくなり、手段という枠から逸脱していく。その結果、抵抗のための運動は、破壊または自己破壊の運動へと傾斜してしまう。もしくは、たとえ対抗暴力が手段にとどまったとしても、それ自身がより抑圧的な〈権力のための手段〉として、抵抗運動に重くのしかかることになる。

したがって、アーレントの危惧を笑って済ますことはけっしてできない。アーレントはこう述べていた、「もし〔暴力行使の〕目標がすぐに達成されなければ、その結果はたんに敗北では済まず、政治体全体に暴力の実践がもちこまれることになろう」と。これに対

＊29 『法の力』一九四頁。
＊30 『暴力批判論』六四頁。

して、対抗暴力だけは例外だ、などと言うことはできない。

重要なのは、暴力が権力によって加工され、組織化されるプロセスにどのように介入すべきかを思考することだ。手段としての暴力に対して別種の暴力を対置することがアポリアをもたらすからといって、そこに「非暴力」を素朴に対置することはできない。というのも、非暴力の実践が有効なものとなるためには、暴力の加工によって暴力そのものがすでに制御可能でコントロール可能なものになっていなくてはならないからだ。暴力の加工は、非暴力の実践に先だつ。非暴力を暴力よりも根源的で自明なものとみなすことはできない。非暴力の自明性そのものが、暴力の加工によってあたえられる効果であるからだ。[*31]

権力をつうじた暴力の加工は、社会におけるファンダメンタルなはたらきを担っている。国家が出現するのは、そのはたらきをつうじてだ。国家暴力にどう対抗していくのかというベンヤミンの問いは、それがかかえるアポリアもふくめて、暴力の加工をめぐる思考のなかで引き継がれなくてはならない。非暴力の実践もそのなかでこそ可能性をもつ。暴力の加工そのものをいかに〈加工〉していくのか。この問いこそが、暴力をめぐる政治の地平をくみたてるのである。

＊31　暴力が加工され、組織化されることではじめて非暴力的な空間が広がっていくという事態、そして諸個人は一定の条件のもとではじめて非暴力的に〈なる〉という事態を歴史的に考察したのは、ドイツの社会学者ノルベルト・エリアスである。エリアスの仕事は、暴力や国家の問題を考えるうえで決定的に重要であるが、その重要性は日本語の言説空間ではあまり認められていない。これは、ヨーロッパにおけるエリアスの評価とくらべると雲泥の差がある。エリアスの仕事を全般的にフォローするためには、奥村隆の労作『エリアス・暴力への問い』（勁草書房、二〇〇一年）を参照。

第三章　富の我有化と暴力

1　富の我有化と暴力の社会的機能

前章のはじめの問いにもどろう。なぜ国家をふくめた政治団体は物理的暴力を手段としてもちいるのか。

秩序と支配を保証するためである、というのが前章での答えであった。暴力は、秩序と支配を保証するという社会的機能をもつからこそ、たんなる破壊とはちがった仕方でもちいられ、集団的に組織化される。

とはいえ、これだけでは十分ではない。というのも、暴力の社会的機能は秩序と支配の保証ということにはとどまらないからである。

スピノザは——シュミットを想起させる「敵」というタームをもちいながら——つぎのように述べている。

かくて自然の支配の下にのみあると観られる限りにおいての各人は、自分に有益であると判断する……ところの一切を最高の自然権に基づいて欲求し得るのであり、またこれをあらゆる方法で——暴力に依って、あるいは欺瞞に依って、あるいは懇願に依って、あるいはもっと容易に思われる何らかの手段に依って、——自分の手に入れてよいのでありゝ従ってまた各人は自分の意図の達成を妨げようとする者を自分の敵と見なしてよいのである。[*1]

さきに見たように、シュミットは政治的なものに固有な指標として、敵／友の区別をおいた。シュミットにおいて政治的なものとは、国家のファンダメンタルな構成素のことである。つまり、敵／友の区別を基底的なモーターとして暴力は組織化される。

しかしここでスピノザが述べていることは、こうしたシュミットのテーゼに対立する。敵／友の区別はけっして基底的な原理ではない。みずからが有益であると判断するものをあらゆる手段で獲得しようとする運動が、敵と友の区別を生じさせる。敵／友の区別は、その運動からのひとつの派生物にすぎない。

したがって、国家の成立基盤を〈敵／友〉関係におくだけでは十分ではないだろう。その〈敵／友〉関係をうみだす行為的なロジックにまで、国家の起源は遡行されなくてはならない。つまり、有益であると判断されるものを自分のものとすることが、敵と友の区別を生じさせ、国家を出現させるのである。

有益であると判断されるものとは、いわゆる富のことである。つまりそれは、欲望の対

＊1　スピノザ『神学・政治論（下）』畠中尚志訳、岩波文庫、一六六頁。

象となるあらゆる有形的なモノをさす。スピノザがここで想定しているのは、具体的に手に入れられる程度には物質性をそなえた富である。

そうした富を手に入れるための方法には、スピノザが言うように、さまざまな手段（欺瞞、懇願……）があるだろう。しかしそのなかでも、暴力は特権的な手段となるにちがいない。というのも、暴力はあらゆる文脈を無視して富を手に入れることを可能にするからだ。

たとえば、相手を物理的に抵抗できない状態にしてしまえば、いつでも誰からでも富を奪うことができる。富を獲得することが目的だから、最終的には邪魔な相手を殺してしまってもかまわない。相手の手元にある富を奪うためには、あるいは自分の手元にある富を奪われないようにするためには、相手よりも強い力を行使することさえできればよい。この意味で、富を自分のものにするための最終的な手段となるのは、物理的な暴力以外にない。これは、富が物質的なものであることからくる必然的な帰結である。

このとき暴力は自律的な手段となる。富を自分の手に入れるという目的においては、相手から特定の行為をひきだす必要はかならずしもないからだ。そこでは暴力の行使そのものが目的を実現してくれる。

前章でみたように、支配の保証が目的となっているときには、暴力はけっして自律的な手段にはなりえない。たとえば命令にしたがわせる場合のように、そこでは相手に特定の行為をさせなくてはならないからである。行為の産出、ではなく、富の獲得が問題になっているときにこそ、暴力は自律的な手段となるのである。

このことは、なぜ国家をはじめとする政治団体が暴力を手段としてもちいるのかを、より十全に説明してくれるだろう。富を自分のものにするためには、相手よりつよい暴力を行使することができなくてはならない。暴力の組織化の運動はそれをめざして生じる。富の獲得を可能にするという暴力の社会的機能への着目は、国家をめぐるウェーバーの考察にはないものだ。しかしその機能は、国家が存在し活動するさいの本質的なファクターとして考えられなくてはならない。というのも、富を自分の手に入れようとするときにこそ、暴力は自律的な手段となるからである。

注意すべきは、富を自らのものとすることは、富の生産活動そのものとは、はっきりと区別されるということである。それは、なんらかの富を「産出すること（production）」にかかわっているのではなく、産出された富を実力によって「我有化すること（appropriation ＝専有）」にかかわっている。富を自らのものとするためには、かならずしも富を産出する必要はない。他人が産出した富を奪うことによっても、富の我有化は可能だからだ。

したがって、そこでの第一の関心事は、富をどのように産出するかにあるのではなく、富の我有化を可能にするための暴力をどのように強化・蓄積するかにある。このとき、暴力の蓄積は、我有化した富そのものを利用しながらなされるだろう。ちょうど、富を生産するための手段が、生産された富をつうじて与えられるように（たとえば耕すための鍬はそれ自体生産されたものである）、富を我有化するための暴力手段もまた、我有化された富をつうじてもたらされる。たとえば、獲得した鉱物資源によって武器をつくるというように。あるいは、我有化した富をもとに人びとを傭い、暴力を組織化するというように。

ここには、富の我有化と暴力の組織化との循環運動があるだろう。つまり、暴力によって富を我有化し、そしてその我有化した富を利用しながら暴力を蓄積するという循環運動である。その循環運動をつうじて国家は出現する。国家とは、富を我有化するために、そして我有化した富をつかって、暴力を組織化する運動体にほかならない。

したがって、シュミットのように、敵／友の区別を暴力の組織化における基底的なモータ一として考えることはできない。敵がいるから、富を手に入れて暴力を蓄えるのではない。

シュミットは、真の政治理論には人間の本性を悪とみなす思考が不可欠だとのべている。というのも、そうした思考こそが「敵・友区別の現実的実在性」を認識することができるからである。[*2] シュミットによれば、人間本性を悪とみなす人間学にもとづいてこそ、国家を正面から理論化できるのであり、「人間は本性的に善である（あるいは善になりうる）」とかんがえる人間学的「楽観論」では、政治的なものの固有性をとらえることはできない。

ところで、政治的なものの領域は、結局のところ、敵の現実的可能性によって規定されるのであるから、政治的な観念ないし思考過程は、人間学的「楽観論」を出発点としたのでは、ぐあいが悪い。そんなことをすれば、それらは、敵の可能性を捨て去るとともに、すべての特殊的に政治的な帰結をも捨て去ることになるであろう[*3]（同、七八頁）。

しかし、スピノザがわれわれにもたらすのは、これとは別の認識だ。「敵／友区別の現実的実在性」は、人間が「悪」だから生じるのではない。富の我有化があればいたるところに敵は発生しうる。〈悪いやつ〉がいるから敵が生まれ、国家の存在が要請されるのではない。そうではなく、国家の基礎は、富の我有化と暴力の蓄積との循環的な運動のなかにこそ見いだされなくてはならないのである。

国家を思考するためには、だから、人間本性が善なのか悪なのかと問う必要はなく、もっぱら、富の我有化を可能にする暴力の社会的機能を問うべきなのだ。富と暴力のむすび

＊2　カール・シュミット『政治的なものの概念』田中・原田訳、未來社、八〇頁。
＊3　ちなみに、シュミットにとって、こうした「楽観論」の代表とは無政府主義である。「露骨な無政府主義にあっては、「天性の善」を信じることと、国家の過激な否認とが、いかに密接に関連するかは、一目瞭然であって、一方は他方から導きだされ、両者は互いに支え合っているのである」（同、七三頁）。

つきは必然的なものである以上、人間の本性が善だろうが悪だろうが関係なく、暴力の蓄積運動は起こる。

国家が存在する理由を人間の本性にもとめる思考はひろく行きわたっている。国家を、人間の悪い性向をおさえるための「必要悪」とみなす考えや、人間の権力欲から国家の成立を説明しようとする発想もそこにはふくまれる。しかしそうした思考は、暴力についての考察を欠いた非十全な観念でしかない。

国家の存在は、暴力の社会的機能からみちびきだされるひとつの帰結だ。支配の保証や富の我有化といった効果を暴力がもたらすことができるからこそ、より強大な暴力をもちいようとする運動が生じ、その運動のまわりで国家をはじめとする政治団体が生みだされるのである。暴力の社会的機能があるかぎり、国家が形成される契機はけっしてなくならない。だから、なぜ国家などというものが存在するのかといえば、それは暴力によって実現できることが実際にあるからなのである。

2 税の徴収の根拠

ところで、富の我有化のために暴力を蓄積する運動にとって、もっとも効率的にその運動をすすめる方法とはなんだろうか。

それは、他人が生産した富をうばいながら、自分は物理的実力の強化に専念することである。というのも、相手よりもつよい暴力を行使することさえできれば、自分は生産しなくても、富を我有化することができるからだ。

住民から租税というかたちで富をうばい、その富を暴力の組織化と蓄積のためにもちいるという国家の原型がここから生まれてくる。そこにあるのは、富を一方的に収奪することを根拠づけるような暴力の特定のレジームである。

そのレジームをドゥルーズ＝ガタリは「捕獲装置」とよぶ。それを特徴づけるのは、「捕獲する権利を制定しながら捕獲するという暴力」にほかならない[*4]。捕獲装置の暴力は、たんに富を収奪するだけでなく、さらにその収奪を「権利」として制定するのである。捕獲装置は、暴力の優位性にもとづいて富を収奪しながら、みずからが富を収奪する権利をもつということを行為遂行的《パフォーマティヴ》に示す。こうした自己準拠的な捕獲の運動をつうじて、国家は出現するのである。

ここから重要な論点がみちびきだされる。つまり、なぜ国家は住民から税を徴収するのかという論点である。

租税の根拠は安全にあるとよくいわれる。国家が住民から税を徴収するのは、それをつ

＊4　ドゥルーズ＝ガタリ『千のプラトー』宇野他訳、河出書房新社、一九九四年、五〇四頁。

かってかれらの生命や財産をまもるためである、と。租税とは、国家によって強制されるものではなく、反対に、住民がみずからのために負担するものである、というわけだ。

ここにあるのは次のような国家観だろう。外敵から社会を防衛したり、社会内の犯罪をとりしまったりするには、個々の住民がもっている力では不十分である。住民たちはみずからのセキュリティを護持するために、集団的に力を蓄えなくてはならない。国家とは、その集団的な実力が結晶化したものである。そして、その実力を蓄積する手続きのなかにこそ、租税の根拠は存在するのだ、と。

こうした発想はきわめて一般的なものであるが、けっして妥当なものではない。というのもそれは、原因と結果を取り違えているからだ。そこでは、国家のもつ暴力の優位性は、住民たちが税の支払いをつうじて集団的な実力を結集した「結果」として考えられている。つまり、個々の住民の力をこえた強制力が出現するまえに、富の徴収があったとされるのである。これは、暴力の社会的機能を考えるなら、倒錯した発想である。

実際には、税の徴収がなりたつためには、税を徴収する側にすでに暴力の優位性がなくてはならない。暴力によってこそ、富の我有化は最終的に保証されるからだ。住民たちがたがいに合意することで富の徴収がもたらされると考えることはできない。じじつ、住民のあいだの合意形成があろうとなかろうと、そして個々人がその合意形成に参加したかどうかにかかわらず、国家は住民に対して有無をいわせず税を徴収しにくる。国家にそれができるのは、国家がすでに暴力の優位性をそなえているからだ。

税の徴収がまずあって、それが暴力の優位性を生じさせると考えることはできない。暴力の格差が税の徴収に先だつのである。したがって、もし住民のなかに税を払うことに対する合意のようなものを探すとするならば、それは「国家の暴力にさらされるぐらいなら税をおとなしく支払ったほうがいい」という意味での「同意」でしかない。

要するに、税の徴収といっても、実際には、より強い暴力を組織化することに成功したエージェントが、その暴力を背景に人びとから富を収奪しているだけなのである。この点においては、国家はマフィア集団となんの区別もない。じじつ、両者ともみずからの組織的な暴力を背景にして、他人が生産した富を自分の手に入れようとする。

こうした特徴から、ポール・ヴィリリオは、国家を「軍事的捕食者」と規定している。[*5] 国家が出現するのは、富を生産するエージェントとしてではない。他の住民が生産した富を暴力によって掠奪するエージェントとしてである。住民の生産活動に軍事的に寄生するというのが、国家の存在様態をくみたてるのだ。

ヴィリリオはつぎのように述べている（ヴィリリオにおいて「戦争機械」の概念は、ド

＊5　ポール・ヴィリリオ「革命的抵抗」澤里岳史訳、『現代思想』二〇〇二年一月号、青土社、五一頁。

ウルーズ＝ガタリにおけるそれとは異なり、軍事的な諸要素をそのまま指すことに注意）。

実際には、古代以来のあらゆる場合に、土地の占有様式をめぐって、二種類の土地居住者のあいだに緊張が生じている。あらゆる戦闘は、一般的に、半植民地化の協定〔pacte：契約〕という社会的状態をもたらすが、それは、一種の軍事的な保護領化とひきかえに貢物と租税の支払いを創設する。この協定は外部の占領者によって土着の労働し生産する住民に強要される（……）。実際、これらの軍事的捕食者によって相互的なサーヴィスの協定から引き出される利益は、はじめのうち、土地の資本化のためのものでもなければ富の資本化のためのものでさえなく、その戦争機械の高価で永続的な改善、武器と要塞化のシステムの洗練、遥か遠い場所への遠征の準備のためのものである。歴史を飛び越えれば、この半植民地的なエコノミー、軍事的な冥加金の強要が、近代の大国家の構成的な基礎をなすことがわかる。十九世紀にいたるまで西洋を支配してきた、国民的でない君主制は、結局は、「ぜいたくな土地居住者」を戦略的に固定化した、あの原初的な手続きを永続化したにすぎない。……それゆえ、われわれは、一般的な軍事防衛が、不可避的に、二十世紀にいたるまで、住民大衆の大部分を無関心なままにしておいたということに驚いてはならない（同、五一―五二頁、強調原文）。

ここで述べられていることは、国家の基本的性格を理解するうえできわめて重要である。まず、国家の基礎は、軍事的な勝者が他の住民たちに富の支払いを強要することをつうじてもたらされる。その勝者が土地に居住するのは、けっして富を生産するためではない。生産にたずさわる住民と、その生産物を収奪する人間とのあいだには、土地の居住様式をめぐる根本的な対立があるのである。

つぎに、国家にとっての関心はつねに、住民から徴収した富をつかって自らの暴力を強化することに向けられる。ヴィリリオがいうとおり、税の徴収によってうまれた利益は、「戦争機械の高価で永続的な改善、武器と要塞化のシステムの洗練、遥か遠い場所への遠征の準備のため」にもちいられるのだ。土地の資本化や富の資本化ということすら、暴力の強化という関心からみれば派生的なものにすぎない。そこにあるのは、暴力の強化によって、より安定的・効率的に富の収奪と暴力の蓄積とのループをくみたてようとする「合理的」な衝動だけである。

さいごに、国家が住民たちに「貢物と租税の支払い」とひきかえに「軍事的な保護」をあたえるのは、けっしてかれらの安全を守るためではない。国家が暴力を蓄積することでまもろうとするのは、住民の安全ではなく、みずからの保全である。国家にとって「軍事的な保護」が意味するのは、他のエージェントによる攻撃からその土地におけるみずからの暴力の優位性と富の徴収の権利をまもること以外ではない。その点からみれば、税を徴収される住民の安全は副次的な問題にすぎない。だからこそ国家は住民に「軍事的な保護」をあたえながらも、かれらの安全を「二十世紀にいたるまで」「無関心なままにしておいた」のである。

国家は、住民たちがみずからの安全をめざして設立するものではない。そうではなく、暴力的に優位にあるエージェントが住民たちを支配し、かれらから富を収奪することで、国家は成立する。住民の保護とは、そこから派生するひとつの付随的活動にすぎない。

シュミットは「保護と服従という永遠の連関」が国家の基礎にあると述べている。[*6] 国家による住民の保護が、かれらの服従と引きかえにのみ与えられるという点において、このシュミットの考えは適切なものだろう。とはいえそこには保留が必要である。というのもシュミットはつぎのように述べているからである。

保護するがゆえに拘束す、ということは、国家にとっての、われ思うゆえにわれ在り〔根本命題：訳者〕であって、この命題を体系的に自覚しない国家理論は、不十分な断片にしかすぎない（同、六〇頁、強調原文）。

保留が必要なのは、「保護するがゆえに拘束す」という部分だ。国家は「保護するがゆえに拘束する」のではない。逆に、「拘束するがゆえに保護する」のである。シュミットは、敵から住民を保護することを国家の第一義的な任務であると考えている。しかしこれは正しくない。住民の保護とは、あくまでも支配と富の収奪から派生してくる副次的な活動なのである。

3　設立による国家と獲得による国家

とはいえ、国家を、住民がみずからの安全のために協力して設立したものとみなす考えはやはり根強い。こうした考えの原型は、社会契約論によってつくられたと一般にはいわれる。したがって、その考えの妥当性を問題にするためには、社会契約論そのものの批判的検討にむかわなくてはならないだろう。

ここではホッブズを取り上げよう。ホッブズこそ、社会契約のモデルを近代的な国家理論としてはじめて練りあげたパイオニアであるからだ。

前章でもふれたように、ホッブズの契約論は、個々人を超越する共通権力が自然状態からどのように成立するのかを説明する理論としてくみたてられている。その超越的な権力

＊6　『政治的なものの概念』五九頁、強調原文。

が成立する契機として導入されるのが、契約（信約）の概念である。

ホッブズによれば、国家ができる以前の自然状態においては、人びとを威圧する共通権力がないため、人びとは自分自身の力を頼りに生きていかなくてはならず、またそのためにどんなことをしてもよい。自然状態とは、「人びとが自分自身のつよさと自分自身の工夫とが与えるもののほかには、なんの保証もなしに生きている」状態のことだ。[*7] その結果、自然状態においては、人びとはたがいに「継続的な恐怖と暴力による死の危険」にさらされることになる（同、二一一頁）。

しかしそうした恐怖と危険は、それがもたらす悲惨さによって、逆に、平和と安全を保障するような共通権力を樹立するよう、人びとをうながす。「人びとを平和にむかわせる諸情念は、死への恐怖であ」る（同、二一四頁）。では、その共通権力はどのように樹立されるのだろうか。ホッブズはいう。

かれらを外国人の侵入や相互の侵害から防衛し、それによってかれらの安全を保証して、かれらが自己の勤労と土地の産物によって自己をやしない、満足して生活できるようにするという、このような能力のある共通の権力を樹立するための、ただひとつの道は、かれらのすべての権力と強さとを、ひとりの人間に与え、または、多数意見によってすべての意志をひとつの意志とすることができるような、人びとのひとつの合議体《アセンブリ》に与えることであって、そのことは、つぎのようにいうのとおなじである。すなわち、ひとりの人間または人びとの合議体を任命して、自分たちの人格をになわせ、また、こうして各人の人格をになうものが、共通の平和と安全に関することがらについて、みずから行為し、あるいは他人に行為させるあらゆることを、各人は自己のものとし、かつ、かれがその本人であることを承認し、そして、ここにおいて各人は、かれらの意志をかれの意志に、かれらの判断をかれの判断に、したがわせる、ということである（同、二巻、一九九二年改訳、三二―三三頁）。

共通権力が樹立されるのは、人びとがみずからの力を同一の人格にゆだね、その人格の意志や判断にみずからの力の行使をしたがわせることによってである。その人格は、ひとりの人間によっても、複数の人間からなる会議体によっても、担われうるだろう。ポイントとなるのはつぎのことだ。人びとの力が同一人格の意志へと統一されるという事態は、「各人対各人の信約によってつくられる」（同、三三頁）。つまり、各人がみずからの力を特定の人格の意志へと委譲するということをたがいに信約し合うかぎりで、共通権力はなりたつのである。人びとのあいだの合意や協約によって国家が設立されるという図

＊7　トマス・ホッブズ『リヴァイアサン（二）』水田洋訳、岩波文庫、一九九二年改訳、二一一頁。

式が、こうしてできあがる。

とはいえ、ここからつぎの問題がただちにあらわれてくる。なぜ人びとは、自然状態にあるにもかかわらず、特定の人格へとみずからの力を委譲することをたがいに申し合わせ、信約することができるのか。

自然状態とは、「各人の各人に対する戦争」がつねに存在する状態にほかならない。そこでは相互不信が人びとを支配している。そうした状態のなかで、人びとがみずからの力を勝手に行使することをやめ、第三者にその力を委譲することを申し合わせるということは、いかにも起こりにくい。たとえ申し合わせがなされたとしても、そこにはつねに不履行や破棄のおそれがある。申し合わせや信約に必要な相互信頼は、自然状態からは生まれようがないからだ。ホッブズ自身こう述べている。「相互信頼による信約は、いずれかの側に不履行についてのおそれがあれば無効である」（同、一巻、二三六頁）と。

ホッブズによれば、人びとのあいだで信約が有効なものとなるためには、かれらを超えた力が、かれらにその信約の履行を強制するのでなくてはならない。

すなわち、信約はことばであり息であるにすぎないから、それが公共の剣からえるもののほかには、どんな人を義務づけ抑制し強制しあるいは保護する強力をも、もたない（同、二巻、三九頁）。

すなわち問題は、約束する当事者たちのうえに樹立された政治権力がないばあいのように、どちらの側にも履行の保証がないところでの、相互の約束についてのものではないからである。なぜなら、そういう約束は、信約ではないからだ（同、一巻、二三九頁）。

人びとを超越する共通権力がないところでなされた信約は、そもそも信約ではない。というのもそこでは、いずれの当事者にとっても履行の保証がないからだ。このようにホッブズが言うとき、契約論のアポリアが露呈する。つまり、そもそも共通権力を樹立するためになされる信約は、その共通権力を背景としてしか有効なものとはならない。国家を創設するはずの信約そのものが、国家を前提にしなくてはならないのだ。ひとつの循環論法が契約論をつらぬいている。

こうしたアポリアは、住民のあいだの合意や信約によって国家が設立されるという図式そのものの妥当性を疑問に付すことになるだろう。言いかえるなら、その図式は、合意や信約によってもたらされるはずの上位の権力（つまり国家）を、論証の前提として自己準拠的に先取りすることによってのみなりたつ。実際には、住民のあいだの合意や信約がなりたつのは、かれらを超えた強制力を背景としてのみだ。その強制力が設立されることの根拠として、住民のあいだの合意や信約を想定することはできないのである。

では、国家はどのように成立するのだろうか。租税の徴収について言えることが、ここでも当てはまるだろう。

税の基盤は、より強い暴力を組織化した集団が住民たちを支配し、かれらから富を収奪することのなかにある。暴力の優位性こそが富の我有化を可能にするからだ。これと同様に、信約もまた暴力の格差を背景としてのみ有効なものとなる。つまり、国家が成立するのは、住民のあいだの合意によってではなく、暴力的に優位にあるエージェントが住民たちを制圧することによってなのだ。

ホッブズはこれを「獲得によるコモン－ウェルス」とよぶ。コモン－ウェルス（Common-Wealth）とは、要するに国家のことである。これに対し、住民のあいだの合意によって設立される国家は「設立によるコモン－ウェルス」とよばれる。

ホッブズは両者の違いをつぎのように説明している。

この主権者権力の獲得は、二つの道によっておこなわれる。ひとつは、自然的な力《ナチユラル・フオース》によるものであって、子供たちが服従を拒否すればかれらを破滅させうることにより、人が、自分の子供たちとさらにその子供たちとを、かれの統治に服従させる、というばあいがそれであり、また、戦争によって、かれの敵を、かれの意志への屈従を条件として生命をたすけることによって、そうさせるばあいがそれである。もうひとつは、人びとがかれら自身のあいだで協定《アグリー》して、ある人または人びとの合議体に、すべての他人に対して保護してくれることを信頼して、意志的《ヴォランタリ》に服従するばあいである。この後者は、政治的コモン－ウェルスまたは設立によるコモン－ウェルスと、よばれうるものであり、そして前者は、獲得によるコモン－ウェルスと、よばれうる（同、二巻、三四―三五頁、強調原文）。

両者の違いは、次のようにまとめられるだろう。「設立によるコモン－ウェルス」においては、住民たちの信約によって実力が特定の人格のもとに蓄積される、つまり信約が暴力の格差をうみだす。これに対し、「獲得によるコモン－ウェルス」においては、暴力の格差こそが信約をなりたたせる。信約が暴力の優位性を根拠づけるのか、反対に暴力の優位性が信約を根拠づけるのかという違いが、ふたつのコモン－ウェルスを区別する。

しかし実際には、信約が有効なものとなるのは、暴力がそれを保証することによってのみである。つまり、二種類のコモン－ウェルスのうち、現実的に起こりうるのは「獲得によるコモン－ウェルス」だけだ。「設立によるコモン－ウェルス」のほうはアポリアを避けられない。だからこそ、ホッブズは次のように言うことになるのである。ふたたび引用しよう。

まったくの自然の状態で、恐怖によってむすばれた信約は、義務的である。たとえば、私が敵に対して、自分の生命とひきかえに、身代金または役務《サーヴィス》を支払うことを信約すれば、私はそれに拘束される（同、一巻、二二九頁）。

もし国家の成立においてなんらかの信約があるとするならば、それはこの引用で述べられているような信約であるほかない。暴力的に優位にあるものが他の人びとに対して、暴力を行使しないこととひきかえに富や役務を提供させる。こうした事態のなかにこそ国家を成立させる信約は見いだされなくてはならないのである。

とはいえここで次のような疑問がだされるかもしれない。自然状態において暴力の格差はどのように生じるのか、と。すなわち、より強い暴力を組織化した集団が支配を「獲得」することによって国家が出現するのだとしても、少なくともその支配集団の内部では、集団のメンバー同士がたがいに信約しあうことなしには、暴力はそもそも組織化されえないのではないか。

たしかに暴力の組織化には、そのメンバーのあいだの協働が必要となる。しかし前章でみたように、その協働はけっして信約（契約）という法学的な概念によってはとらえられない。ホッブズはその協働を「人びとの力の合成」という概念でとらえた。それは権利の委譲という法学的な原理にもとづくのではなく、暴力を加工しながら集団化するような力学的な原理にもとづくのである。

ホッブズの契約論を「設立によるコモン－ウェルス」の図式へときり縮めてとらえようとするホッブズ理解はあとを絶たない。ホッブズの契約論を批判すれば国家や主権の問題もかたづくとかんがえるホッブズ批判も、じつはこうした理解を超えるものではない。

しかしホッブズの契約論はその図式には還元しえない射程をもっている。ホッブズは征服とはなにかを説明したあと、こう述べている、「あるコモン－ウェルスのはじまりが、良心において正当化されうることは、世界にめったにないのである」（同、四巻、一六四頁）と。住民同士の合意によって設立されたという物語で国家の起源を正当化することはできない。国家の起源は、暴力によって支配を「獲得」することのなかにこそある。

ホッブズにおけるこうした着想を引きついだのが、スピノザである。

スピノザによれば、国家の基礎は住民たちの合意や協力にあるのではない。それどころか、国家と住民のあいだにはつねに「戦争の法」が潜在している。国家の存在は、住民のあいだのセキュリティ協定にもとづくどころか、住民に対する潜在的な戦争状態のうえに立脚しているのだ。スピノザはいう。

思うに、国家が自らのために守るように拘束される諸規則ならびに恐怖と尊敬との諸原因は国法の領域には属さずに自然法の領域に属する。それらは（前節により）国法

(Jus civile) によってではなく戦争の法 (Jus belli) によってのみ保持されうるからであり、また国家は、自然状態における人間が自己の権利のもとにありうるためには、もしくは自己の敵とならぬためには自分自身を滅ぼすようなことを用心しなければならぬのとまったく同じ理由において、それらのものに拘束されるからである。*8

国家は、自己自身を滅ぼさないようにするためには「戦争の法」に拘束される。つまり、住民に対して自らの暴力の優位性を確立し、維持することによってのみ、国家の存在は保たれるのだ。

もちろん、この戦争の法はたえざる戦闘行為をかならずしも意味しない。住民が国家に対して恐怖や尊敬といった情念をもちつづけるようにするためのあらゆる施策がそこには含まれる。そうした施策が従うべき法則が、ここでは自然法と言われている。スピノザにおいて自然法の概念は、法学的または規範的な意味をまったくもたないことに注意しよう。それは、恐怖や尊敬といった情念を相手に抱かせつづけるためには守らなくてはならない人間の諸性向を指している。*9

ホッブズにおける「獲得によるコモン-ウェルス」の概念を引きつぐかたちで、スピノザは「戦争の法によって民衆の上に獲得される国家」について語っている(同、六〇頁)。スピノザの政治論は、暴力の優位性にもとづく「獲得」が国家の基礎にあるという認識につらぬかれている。その認識のまえでは、スピノザが契約論者かどうかと――ネグリのように――問うことは、それほど重要ではないだろう。[*10]むしろ、契約論に対するスピノザ政治論の断絶を強調しすぎるならば、スピノザがホッブズの契約論からひきついだ問題系を見落としてしまいかねない。

じっさい、スピノザの哲学から契約論的な視点を排し、それをマルチチュード（群集-

＊8　スピノザ『国家論』畠中尚志訳、岩波文庫、五四頁。

＊9　スピノザはたとえばそれを次のように説明している。「ゆえに、国家が自己の権利のもとにあるためには恐怖と尊敬との原因を保持するように拘束される。そうでなければ国家はもはや国家でない。思うに、統治権を握る人あるいは人々にとっては、酔って、裸で、遊女とともに町を歩き回ったり、俳優のまねをしたり、自らの定めた法律をあからさまに破ったり軽蔑したりして、それでいて威厳を保持することは不可能である。あたかも、存在すると同時に存在しないということが不可能であると同様に」（同、五三頁）。

＊10　ネグリは、スピノザが『政治論』（邦訳『国家論』）で契約というタームを使わなくなったことに注目し、そこにスピノザ理論の「異例性」を見た。ネグリはつぎのように述べている。「『神学・政治論』には契約論的視点があった。これは問題ではない。『政治論』には契約論的視点が存在しない、これが注目すべき事実なのである。つまり、スピノザの生きた一七世紀において社会契約論は広く受容されつつあり、これが社会・政治論に現れることは当たり前の事実として認められるが、それが拒否された例は殆ど見当たらないのである」（アントニオ・ネグリ「以下ヲ欠ク――スピノザ最晩年の民主制政体概念の定義を推察する」小林・丹生谷訳、『現代思想』一九八七年九月号、一二六頁）。

多数性）の存在論として読解しようとしたネグリ自身、暴力がもたらす固有の力学から国家をとらえる視点をほとんど欠落させてしまっている。そして逆説的にも、マルチチュードの運動をつうじて「構成」されたものとして国家をとらえるネグリの発想は、「設立によるコモン-ウェルス」の図式と奇妙な近さをしめしてしまう。[*11]

これはネグリが、契約論を批判することで、そこで豊富化された暴力への視座をも排除してしまったことの結果である。これに対し、ホッブズの契約論には、「設立によるコモン-ウェルス」の図式をこえて国家の生成を思考する回路がある。スピノザはその回路を追究した。スピノザが『国家論』において契約の概念をもちいることをやめたのは、むしろホッブズ契約論に含まれていたひとつの回路を徹底した結果として考えられるべきなのである。[*12]

*11 『構成的権力』（杉村・斉藤訳、松籟社、一九九九年）や『〈帝国〉』（マイケル・ハートとの共著、水嶋他訳、以文社、二〇〇三年）といったネグリの政治論は、かれのスピノザ読解をひとつの基礎としている。ネグリの政治論において、そのスピノザ読解がはたしている役割は決定的だ。ただしそのスピノザ読解は——ここでその詳細を論じることはできないとはいえ——疑問の余地をおおきく残したものだ。ネグリのスピノザ読解については、A. Negri, *L'anomalie sauvage. Puissance et pouvoir chez Spinoza*, PUF, 1982 を参照。

*12 スピノザの政治論をホッブズとむすびつけるわれわれのやり方に対しては、疑義が出されるか

もしれない。というのも、ホッブズとスピノザの断絶を強調し、ホッブズに対するスピノザのラディカルな性格や転覆的な性格をもちあげることが、最近のトレンドになっているからだ。たとえばパオロ・ヴィルノ『マルチチュードの文法』（廣瀬純訳、月曜社、二〇〇四年）もそうした傾向のなかにある。

しかし、ホッブズとスピノザとの断絶をあまりに性急に結論づけてしまうことには慎重でなくてはならない。というのもそれによって、ホッブズの思想もスピノザの思想も、都合のよい物語へと還元されてしまいかねないからだ。じっさいには、両者のつながりを否定あるいは無視することのほうが、体制的なホッブズ研究においては主流であった。両者の断絶をことさらに強調することは、その体制的なホッブズ理解を反復することにしかならない。

マンフレート・ヴァルターは、ホッブズとスピノザに対する緻密な読みをつうじて、両者の関係をつぎのように述べている。すこし長くなるが引用しよう。

「なるほどホッブズは、私が知っている限り、彼が先鞭をつけた事柄を更に発展させようとした直弟子を持たなかった。しかし実はホッブズには［間接的な］一人の弟子がいて、この弟子は、その思惟の鋭さにおいてもまた体系的な思考能力においてもホッブズに劣らず、そして学問的認識および思想の自由に関する彼のラディカルな態度選択はホッブズの意図に対して非常なる親近性を有している。そしてこの唯一無比の、同時代の偉大なる弟子とは、スピノザに他ならないのである。

以上のことを正しく了解する限り我々は、何よりもまず次のことに驚かざるをえない。すなわちホッブズ解釈における混乱に直面した研究者たちが、極めて稀にしか、いやそれどころか私が見る限りアングロサクソンの世界では決して一度たりとも、（スピノザ哲学において示される限りでの）スピノザのホッブズ解釈を自分自身のホッブズ理解のために活用し、出来る限り整合的なホッブズ解釈を獲得する（確かにこのことは全てのホッブズ研究者の得になるわけではなかろうが）、という労をとらなかった、ということである」（マンフレート・ヴァルター「ホッブズとスピノザにおける聖書解釈学および／ないし神学的政治学　近代における政教分離論の歴史的研究（1）」松田克進訳、『現代思想』一九九六年一一月臨時増刊、二七二頁）。

4 所有・治安・安全

要するに、ホッブズ契約論の視点からいっても、国家を住民たちの合意によって設立されたものとみなすことは妥当ではない。

ではなぜ、「設立による国家」の図式はこれほどまでに根強いのだろうか。理由はふたつあるだろう。

ひとつは、現在の国民国家のあり方があまりにも自明視されているからである。国民国家とは、国民として措定された住民全体が国家の主体となるような国家形態にほかならない。つまりそこでは、住民のために住民自身が設立したものとして国家は根拠づけられる。そうした国家形態を国家の普遍的なあり方として自明視することが、「設立による国家」の見方を強固にしているのだ。

しかし国民国家とは、ながい歴史的なプロセスをつうじて特定の条件のもとで形成されてきた国家形態である。それを国家のプロトタイプとみなすことはできない。国民国家は、ひとつの特殊な国家形態として歴史的に相対化されねばならないのである。

「設立による国家」の図式が強固であるもうひとつの理由は、国家の基本性格そのもののなかにある。じじつ国家は、たとえ結果的・副次的にであれ、税を支払う住民を保護することになる。その保護は、住民の安全のために税をつうじて国家が設立されているという図式をリアルなものにするだろう。

国家の存在が住民の安全とむすびつくのはここである。住民たちが国家による支配をみずからの安全を保障するものとして受け入れるのは、つぎのような観念があるからにほかならない。つまり、国家に税を支払うのはいやだが、どちらにせよ自分自身であらゆる暴力から身を守るのでなければ、なんらかの暴力のもとで支配されながら保護されるほかない、という観念である。

この点について詳しく見ていこう。問題となるのは、国家の活動は住民の安全に対してどのような関係にあるのか、ということである。

暴力を蓄積しながら富を徴収するという国家の基本運動は、国家自身につぎのことを要請するだろう。つまり、みずからの支配地域から、富の収奪をめざす他の暴力をとりのぞくということを。暴力によって富を手にいれようとする複数のエージェントがひとつの地域で拮抗しているといった状況は、けっして富の安定的な徴収をもたらさない。

国家が他の暴力を排除しようとするのは、暴力によって富を我有化する権限を独占しようとするからである。国家にとって、他のエージェントが国家とおなじように住民から暴力によって富を奪うことは容認しがたい。たとえその暴力が国家のもつ暴力の優位性をおびやかす程のものではないとしても、やはりそれは国家の権利に対する挑戦となる。国家はだから、暴力によって富を自らのものにすることができるエージェントはその地域でただひとつしか存在しないということを、みずからの力によって証明しなくてはならない。それは、「捕獲する権利を制定しながら捕獲するという暴力」(ドゥルーズ＝ガタリ)にとって避けがたい課題なのである。

こうした国家の活動をつうじて、所有の観念が社会的に成立する。というのも、富の徴収の権利を排他的に得ようとすることで、国家は、他のエージェントが住民の富を奪うことを禁じることになるからだ。所有権はつねに「国家以外のエージェントが住民の富を奪うことはできない」というかたちで設定される。国家が規定する不当な行為のなかには、こうして「所有に対する侵害」のカテゴリーが必然的にふくまれることになるだろう。

この点にかんして強調すべきはつぎのことだ。諸個人の所有する富が最初にあってそれが徴収されるのではなく、まず徴収という出来事があってそれが所有の観念を生じさせる。スピノザがいうように、国家以前にはけっして所有の観念は成立しない。

……自然には、とくにこの人間の所有物であって、あの人間の所有物でないと言いうるようなものは何も見いだされない。むしろすべては、あらゆる人の所有物なのである。このようにして自然の状態では、各人にたいしてその所有を認めようとしたり、あるいは本来の所有であるものを、あるものから奪いとろうとするような意志は、まったく考えることができない。[*13]

またホッブズも同様のことを述べている。

さらにまた、前述の状態〔=自然状態・引用者〕の帰結として、そこには所有も支配もなく、私のものとあなたのものとの区別もなくて、各人が獲得しうるものだけが、しかもかれがそれを保持しうるかぎり、かれのものなのである。[*14]

所有とは、たんなる物理的な占有とは別のものだ。モノが物理的に人びとの手元にあるというだけでは所有は成立しない。それが成立するためには、国家による我有化がいったんは介在しなくてはならない。富を徴収する暴力を背景にしてはじめて、特定のモノが特定の個人に帰属するという事態が確立されるのである。

さきにわれわれは、敵の存在が富（租税）の徴収をうながすのではなく、反対に、富の我有化が敵を存在させることをみた。これとおなじことが所有についてもいえる。徴収が

＊13　スピノザ『エティカ』工藤　斎藤訳、中公バックス、三〇一頁、第四部、定理三七注解二、強調引用者。

＊14『リヴァイアサン（一）』二一四頁、強調原文。

所有に先だつのだ。ドゥルーズ＝ガタリが的確に述べるように、「私有制とは、国家による公的所有制を前提に」[*15]するのである。

徴収が所有に先だつという認識は重要である。たとえばジョン・ロックは、これとは反対に、所有が徴収よりも先にあると考えた。ロックによれば、所有は労働によってもたらされる。つまり、労働によって生産されたものは、それを生産した人の所有になる。

彼の身体の労働、彼の手の働きは、まさしく彼のものであるといってよい。そこで彼が自然が備えそこにそれを残しておいたその状態から取り出すものはなんでも、彼が自分の労働を混えたのであり、そうして彼自身のものである何物かをそれに附加えたのであって、このようにしてそれは彼の所有となるのである。[*16]

……自然のいわゆる天産物に対して自分の労働を加えることによって、自然がそれを置いたところの状態をどのようにしてであれ変更しようとして、これに労力を費したものは、これによってそのものに対する所有権を獲得したのである（同、四三頁、強調原文）。

ロックによれば、国家はこうした所有を保証するためにこそ要請される。「それ故、人々が国家として結合し、政府のもとに服する大きなまた主たる目的は、その所有の維持にある」（同、一二八頁、強調原文）。人びとはみずからの生産物に対する所有を保護してもらうために、その生産物の一部を国家に支払うというわけである。

しかし実際には、国家による徴収に先だって所有が成立すると考えることはできない。国家による徴収は、人びとの所有を保護するために開始されるのではなく、所有に先行し、所有そのものを発生させる。富を我有化するという暴力の社会的機能から派生するのでなければ、各人のもとに特定のモノが帰属するという事態は生じえない。

ロックによる所有の位置づけは、ホッブズやスピノザのそれとは相容れない。この点で、両者のあいだにはひとつの認識論的な断絶があるだろう。スピノザと同世代のロックもまた契約論の系譜に位置している。しかしだからといって、かれらの契約論を一緒くたにすることはできない。ロックの契約論は、所有の根拠を国家よりも自明なものとみなすことで、ホッブズやスピノザとは別の契約論のパラダイムをくみたてているのである。

ところで、所有の成立は、各人が富を自らのものとするためにそのつど暴力に訴えるような状態（自然状態）が終息することを意味している。自然状態の終息は、国家だけが富を我有化するために暴力に訴えることができるという事態の確立と切りはなせない。その

＊15 『千のプラトー』四八四頁。
＊16 ジョン・ロック『市民政府論』鵜飼信成訳、岩波文庫、一九六八年、一三二頁、強調原文。

事態の確立によって、個々の住民のレベルでは、暴力の行使と富の我有化とのむすびつきが断たれるのである。

ここにきてはじめて、国家が各人の所有を保護するかわりに彼らから富を徴収するという図式が成立する。その図式の成立によって、国家もまた、富を徴収するためにそのつど暴力に訴える必要は減ってくるだろう。そこでは保護と徴収のあいだの相互性が、富の徴収を円滑にするからだ。所有の成立とはだから、暴力の実践が支配の関係へと構造化されることにほかならない。

暴力の実践が支配の関係へと構造化される事態を、ヘーゲルは承認の関係の成立としてとらえた。

ヘーゲルは『精神現象学』「B. 自己意識」の章で承認をめぐる争いについて考察している。それによれば、人びとは互いにおなじ物を欲望し、それを手に入れようとすることで、暴力による争いに入る。その争いは「生死を賭けたたたかい」へとエスカレートするだろう。*17

そのたたかいが最終的に終息するのは、かれらのあいだで承認の関係が設立されることによってである。「生死を賭けたたたかい」のなかで死の恐怖にたじろぎ、みずからの生命を守るために相手への屈服をうけいれた者は、非自立的な「奴隷（従僕）」の立場におかれ、これに対し、死の恐怖をものともせずに相手を屈服させた側はそれによって自立的な「主人」として承認される。これ以降、「奴隷」となったものは、みずからの労働によって「主人」のために奉仕することになるだろう。つまり「奴隷」は労働の成果を「主人」によって徴収されるのである。

ヘーゲルのこうした考察は次のことを教えるだろう。つまり、生死を賭けた暴力の関係は、「主人－従僕」という不平等な承認の関係がうみだされることによって、安定した支配関係へと転換される。ここでいう承認とは、当事者たちが、闘争の結果として、たがいの主従関係を認めあうということにほかならない。その承認によって、むきだしの暴力は支配の関係へと構造化される。

言いかえるなら、国家は、そのつどの暴力行使を必要としない主従関係のうえになりたつ。富を我有化するたびに暴力に訴えなければならないような状況は、たんなる強奪をもたらすだけで、持続的な国家状態をもたらさない。国家の存在は、暴力をそのつど行使しなくても富を徴収できる状態が出現することと切りはなせないのである。

所有が成立し、暴力の実践が支配関係へと構造化されていくプロセスは、社会のなかで暴力がじっさいに行使される可能性――国家による暴力にせよ、それ以外の暴力にせよ――が小さくなっていく過程をあらわしている。言いかえるならそこでは、暴力が目的を

＊17　ヘーゲル『精神現象学』長谷川宏訳、作品社、一九九八年、一三三頁。

達成するための主要な手段ではなくなっていく。暴力行使の契機が社会から「排除」されていく事態が、国家の存在そのもののなかに含まれているのである。

こうした一連の過程をつうじて治安（セキュリティ）が確立されていく。住民の安全が国家の存在にむすびつけられる根拠がここにある。

ただし注意すべきは、治安とはなによりもまず国家にとっての概念だということである。というのも、国家がみずからの利益を追求する活動の付随物として治安は確立されるからだ。所有の観念も、暴力の「排除」も、捕獲の権利を専有しようとする国家の活動があってはじめてもたらされる。治安の内実をなすのは、第一義的には、国家がみずからの目的のために暴力をじっさいにもちいなくてもすむ状態にほかならない。

言いかえるなら、「治安のよい」状態とは、社会のなかで暴力が国家へと可能なかぎり局所化されることで、国家がスムーズにみずからの活動を展開できる状態のことである。

暴力をつうじて富にアクセスする回路が社会のなかに拡散していたり、国家の支配に対して実力で抵抗しようとする動きがつよい状態は、けっして「治安のよい」状態ではないだろう。治安のよしあしは、国家に歯向かったり、国家にかわって住民の富を奪ったりする対抗的な暴力がどのぐらい存在するかによって評定される。このとき国家は、「治安をみだす暴力」を取り締まるというかたちで、みずからの存在と行動を正当化しようとするだろう。

したがって、国家をめぐる先の発想は裏返されなくてはならない。つまり、社会の治安をまもるために国家が設立されるのではなく、反対に、国家はみずからの利益を追求することで結果的に治安の管理へとむかうことになる、と。「セキュリティの防衛」は国家にとっての原因ではなく結果なのだ。

住民の安全をまもることに国家の存在根拠をみいだそうとする発想は転倒している。同様に、「住民のあいだの紛争を解決するためには個々人の力を超越した第三の審級が必要である」というロジックによって国家の存在を基礎づけることも正しくない。両者とも、結果でしかないものを原因ととりちがえているからだ。国家はみずからの保全と利益にかかわるかぎりでしか、住民の安全に関心をもたない。

もちろん、すでに述べたように、国家にとっての治安と住民にとっての安全のあいだには一致する点がないわけではない。国家がより安定的にみずからの活動を展開できる状態とは、その地域のなかで暴力がもちいられる契機がますます少なくなることであるからだ。このことは住民にとっても好ましい帰結をもたらす。すなわち、内戦の可能性がおおきく低減すること。国家以外のエージェントから予期せぬ暴力をこうむる可能性が小さくなること。いくつものエージェントから二重三重に富の徴収をうける必要がなくなること。社会内のどのような命令に従うべきで、どのような力を当てにできるかが、より明確になること……。

こうした諸帰結は、住民の安全にとって構成的なファクターとなるだろう。そしてそれは、国家にとっての治安がより確実なものとなることに相関している。スピノザが『国家論』において、国家の安全性をもたらす制度的かつ力学的なメカニズムを探求するのは、治安と安全のあいだのこうした相関性にかれが着目していたからである。国家が安定化する条件を利用して暴力の契機を社会的に縮減していく方途をさぐることが、そこでのスピノザの主要な関心となっている。

とはいえ、こうした相関性を介しても、国家にとっての治安と住民にとっての安全は完全に一致することはない。両者のあいだには暴力をめぐる格差と非対称性がつねにのこるからだ。その格差と非対称性こそが国家の存立基盤である以上、治安と安全との不一致は原理的なものである。

『神学・政治論』においてスピノザが、国家の権利に対して思考・表現の自由をカテゴリックに擁護するのは、この不一致ゆえである。力の優位にもとづいて富を徴収する審級にとっての治安は、圧制というかたちで、つねに住民にとっての安全に対立しうる。暴力に訴えることができないものにとって、思考し表現する自由が奪われることは、あらゆる圧制の危険に直面することにほかならない。

こうしたスピノザの認識についてドゥルーズはこう述べている。

思惟の自由が保たれ、その活力が失われないかぎり危険はなにもないが、それが奪われるようなことになれば、他のどんな抑圧が起きてももはや不思議ではないし、またすでにそれは現実のものとなってもいよう。どんな行動をとってもいまや有罪とされるおそれがあり、全生活が脅威にさらされるからである。*18

住民はみずからの安全のために、国家が追求する治安を全面的に当てにすることはできない。われわれはバリバールにならって、国家にとっての治安（sécurité）と住民にとっての安全（sûreté）とを概念的に区別することができるだろう。後者の安全には必然的に「圧制に対する抵抗」が含まれる、と。*19

5　国家形態の規定要因と「国家なき社会」

さいごに二つの論点に言及しておこう。

最初の論点は、国家の形態はどのように規定されるのか、というものである。

＊18　ジル・ドゥルーズ『スピノザ　実践の哲学』鈴木雅大訳、平凡社、一九九四年、九頁。
＊19　Cf. É. Balibar, *Droit de cité. Culture et politique en démocratie*, Éditions de l'Aube, 1998, pp. 27-42.

国家の存在は、富を徴収しながら暴力を組織化するという運動のうえになりたっている。つまり、国家の形態はその運動のあり方に相関している。国家は歴史をつうじてさまざまな形態をとるが、それは、富の徴収と暴力の組織化というふたつの運動のあり方が変化することに対応しているのだ。

ここから、国家の形態に対して規定的に作用するふたつのファクターが導きだされるだろう。そのふたつのファクターとは、徴収される富が生産される仕方と、物理的暴力の行使をささえるテクノロジーである。

一方では、富を徴収する国家のあり方は、その富が生産される様態の変化によって規定される。また他方では、身体の力能をひきのばし、暴力の威力を増大させるテクノロジー（攻撃するための武器、見るためのカメラ、伝達するための通信器具、情報を処理するための技術など）の発達によって、暴力の組織化のあり方は直接的な影響をうけるだろう。

とはいえ注意しなくてはならない。国家の形態に対するこれら二つのファクターの規定性を、いわゆる上部構造に対する下部構造の規定性としてとらえてはならない。国家の形態はそれらのファクターの単なる受動的な反映ではない。

というのも国家は、経済やテクノロジーといった物質的な土台のうえにつくられた補完的な装置なのではなく、それじたい固有のロジックをもった運動体であるからだ。じじつ、国家の活動そのものによって、テクノロジーの発展が停滞させられたり方向転換されたり、生産関係が固定化されたりすることはつねにおこる。固有の運動体である国家の存在は、それらの物質的な次元にはけっして還元されえない。

ではそれらのファクターの規定性はどのように考えられるべきか。それは、固有の運動体に対する〈条件としての規定性〉としてである。

たとえば「歩く」という運動は、それ固有の身体的なロジックをもちながらも、地面の形状にしたがってその「歩き方」を変化させる。このとき、地面の形状は「歩く」という運動に対して〈条件としての規定性〉をおよぼしている。歩くためには、地面の形状がもたらす条件に従わなくてはならない。

国家の場合もこれと同様である。国家の運動がそのもとで展開されるふたつのファクターによって、国家の形態は条件づけられるのである。

第二の論点にうつろう。その論点は、国家のない社会というものをどのように考えるべきかという問題にかかわっている。

国家が存在するかどうかという問題にとって、支配する暴力集団がその地域の内部からでてきたものなのか、それとも外部から征服してきたものなのかは重要ではない。どちらにせよ、暴力組織が住民から富を徴収するという構図には変わりがないからだ。

国家の存在にとって重要なのはつぎの点である。つまり、富を我有化するために暴力を組織化する運動が、その地域における生産活動から分化し、自律化しているかどうか。

その分化が国家の存在をしるしづける。逆にいえば、国家のない社会というのは、暴力を組織化する運動が他の社会的領野から分化していない状態をさす（ただし、だからといってその社会には暴力そのものが存在しないということではない）。この点について、ピエール・ブルデューはつぎのように述べている。

国家なき社会においては……、暴力の行使を社会内部で明確に同定された特別の集団に委託した例はない。したがって個人的復讐や自衛の論理をまぬがれることはできず、そこから悲劇の問題が生まれる。[*20]

国家が存在するためには、暴力の持続的な組織化によって暴力の審級が他の社会的領野から自律化しなくてはならない。逆にいえば、国家のない社会とは、暴力の持続的な組織化をはばむような暴力のあり方が優勢になっているような社会であると考えることができる。

ドゥルーズ＝ガタリの戦争機械という概念は、そうした暴力のあり方をあらわしている。つまり同じ暴力でも、組織化や制度的統合へと向かうものと、それをはばむものとが存在するのである。暴力の行使がただちに国家を存在させるわけではない。「暴力はいたるところにある。しかしそれが属する体制やエコノミーは異なっている」[*21]。

ただし暴力は、支配の保証や富の我有化といった効果を機能的にもたらすことができる以上、それらのために暴力が組織化される契機はいたるところにみいだされる。すべての暴力が国家化へとむかうわけではないが、その契機は暴力がもつ社会的機能をつうじていつでも胎動しているのである。

ドゥルーズ＝ガタリはいう。「すべてが国家というわけではない、しかしそれはいつでもいたる所に国家が存在したからである」（同、四八六頁、強調原文）。

こうした視点からいえば、国家は近代以前にも存在した。ウェーバーは、「正当な物理的暴力行使の独占」が実効的なものとなった近代以降にのみ国家の概念をあてはめた。しかし、自律化した暴力の組織化という観点にたてば、国家の概念は近代以前にも敷衍される。

ここで問題となるのが、組織化へとむかう暴力のあり方と、それをはばむような暴力のあり方との関係である。国家装置と戦争機械の関係といってもいいだろう。

戦争機械は、暴力の制度的統合にあらがうような分子的な暴力のあり方をあらわしている。この意味で、ドゥルーズ＝ガタリはそれを国家装置に対する外部性として位置づける。

＊20　ピエール・ブルデュー「国家精神の担い手たち」三浦信孝訳、『環』（vol.5）、藤原書店、二〇〇一年、一一六頁。

＊21　『千のプラトー』四八二頁。

ただし――注意すべきだが――この外部性は国家に対する無関係をけっして意味するわけではない。そうではなくそれは、暴力の組織化それじたいによってひきおこされる暴力のもうひとつの傾動をさしている。戦争機械は、暴力の組織化の運動から独立しているのではなく、国家と競合しつつ相互作用する。

> 外部と内部、変身する戦争機械と自己同一的国家装置、……これらは相互に独立しているのではなく、たえざる相互作用の場において、共存しかつ競合していると考えなくてはならない[*22]（同、四一六頁、強調原文）。

したがって、たとえ暴力の組織化にあらがうような暴力のあり方が存在するとしても、そこから、国家といかなる関係ももたない無垢な「国家なき社会」を想定することはできない。

ドゥルーズ＝ガタリがピエール・クラストルに――ふかい賛意をしめしながらも――異議をとなえるのは、まさにこの点においてである。

人類学者であるクラストルは、いわゆる未開社会のフィールドワークをつうじて、国家のない原始社会についての考察を深化させた。国家のない原始社会は、国家を形成するまでの発展段階には到達していない社会であると一般には考えられているが、クラストルによればそれは正しくない。じつはそうした社会は、国家の形成をあらかじめ妨げるようなメカニズムを内在させているのである。

そのメカニズムはまず、余剰生産物の蓄積をさまたげるような諸々の活動（蕩尽など）としてあらわれる。それによって特定のエージェントによる富の徴収は不可能となるだろう。またそのメカニズムは、当事者たちを征服によって統合するのではなく、逆に分裂させるような戦争の形態としてあらわれる。それによって、固定した権力機構が社会から持続的に分化することがさまたげられる。*23

こうしたクラストルの考察は、ドゥルーズ＝ガタリのいう戦争機械の概念に具体的な内実をあたえるだろう。しかし、にもかかわらずドゥルーズ＝ガタリはクラストルに全面的には同意しない。なぜか。それはクラストルが、反国家的社会としての原始社会を、国家的社会とは無縁の、自足した実体とみなしたからだ。両者の無関係性を想定してしまうならば、なぜ国家化の運動がそうした反国家的社会をも飲み込んでしまうのかが説明できな

＊22　こうした相互作用が、ファシズムにおいて「戦争機械が国家をのっとってしまう」という事態を説明する。戦争機械がもし国家からの無関係を意味するのなら、両者が結びつくということも起こりえないからだ。

＊23　国家なき社会をめぐるクラストルの考察については、つぎの著作を参照。『国家に抗する社会』（渡辺公三訳、水声社、二〇〇二年）および『暴力の考古学』（毬藻充訳、現代企画室、二〇〇三年）。

くなってしまう、と。

彼ら〔原始社会のメンバー：引用者〕は国家の形成を妨げるメカニズムをもっていたのに、いったいなぜ、いかにして国家は形成されたのか？　なぜ国家は勝利したのか？　ピエール・クラストルはこの問題を掘り下げすぎて解決する手だてを失ってしまったように思われる。彼には原始社会を一つの基体、自足した実体と見なす傾向があった（この点を彼は非常に強調していた）。形式的外部性を彼は現実的に独立するものと見なしていたのである。*24

この指摘はしかし、けっしてクラストルにだけ当てはまるものではないだろう。国家化とは別のベクトルをもつ流れを、「形式的外部性」としてではなく、国家から「現実的に独立するもの」としてとらえてしまうアンチ国家の言説はいまでもあとを絶たない。ドゥルーズ＝ガタリは、国家的なものとはまったく無縁な社会の存在という発想をはっきりと退けている。

原始共同体の自給自足、自律性、独立、先在性などは、民族学者の夢でしかない。原始共同体が必然的に国家に依存するというのではなく、それは複雑なネットワークの中で国家と共存しているのだ（同、四八六頁）。

国家の中や外において、国家から遠ざかろうとしたり、国家からみずからを守ろうとしたり、国家を方向転換させようとしたり、廃絶してしまおうとする傾向があるのと同じだけ、原始社会においても、国家を「求め」ようとする傾向や、国家の方に向かうベクトルが存在する。すべてが絶えることのない相互作用の中で共存するのだ（同、四八六頁）。

＊24 『千のプラトー』四一五頁。

第四章　方法的考察

1　国民国家批判の陥穽

この章では、これまで考察してきたことを踏まえながら、国家を思考するための方法について、とりわけ既存の思考方法を批判的にとりあげることで、考えていこう。

たとえば、国家を共同体がもつ政治機構とみなす考えがある。共同体が、外敵からみずからを防衛したり、内部の秩序を維持したりするために形成する政治機構が国家である、という考えだ。

この考えは、前章で反駁した「住民によって設立された国家」というシェーマと基本的にはおなじ発想にたっている。共同体といおうが、住民（全体）といおうが、国家をそこに住む人びとの全体的な意志によって設立されたものとみなす点で、両者は変わりがない。

国家を共同体にむすびつける考えもまた、現在の国民国家のあり方を国家そのもののあり方として自明視することでなりたっている。じじつ、国民国家においては、国民という共同体がもつ政治機構として国家は位置づけられる。つまり、国民共同体がみずからを防衛したり、内部の秩序をまもったりするための政治機構が国家であるとみなされるのである。

問題の根を深くしているのは、そこではさらに国民共同体が歴史をつらぬいて存続してきた実体として観念されることである。それによって、国民国家ができる以前の国民的ではない国家にまで、「共同体がもつ政治機構」という規定があたえられるようになるのだ。

しかしくり返すなら、国家の成立基盤は、共同体や住民全体の意志といったもののなかにはない。国家が成立するのは、あくまでも、より強い暴力を組織化したエージェントが他の住民を支配しながら富を徴収することによってだ。そこには、共同体や住民全体の意志といったものはなんの関与もしていない。

深刻なのは、共同体がもつ政治機構として国家をとらえる発想は、国民国家を批判する論者にもしばしば共有されているということである。

もちろん、それらの論者は、国民国家そのものを自明視しているわけではない。それどころか国民国家批判は、さまざまな仕方で国民国家を相対化してきた。国民国家は、通常信じられているのとは逆に、歴史的にはかなり新しい「発明品」であり、国民共同体が歴史をつうじて存在してきたというのは虚構されたフィクションにすぎない。国民があたかも自然なものとして実在するかのようにみえるのは、人びとを〈国民にする〉ようなさまざまな仕掛け——言説や表象、身体的なふるまいなどをめぐるさまざまな仕掛け——が近代をつうじて整えられてきたからである。こうしたことを歴史的・理論的に明らかにしたことは、やはり国民国家批判の功績である。いまや、それを無視して国民国家についてまともに論じることはできない。

しかし、こうした功績にもかかわらず、国民国家批判は「国家＝共同体の政治機構」という見方から完全には自由になっていない。おおくの国民国家批判においては、国家は国民共同体とほとんど同一視されている。じじつ、国民的なものや共同体的なものを乗り越えれば、国家をも乗り越えることができると考える国民国家批判はあとを絶たない。こうした同一視は、たとえば国民国家が「国民＝国家」と表記されるときに、典型的にあらわれるだろう。

この同一視が問題なのは、それによって国家そのものが想像上のフィクションとしてとらえられてしまうからである。

たしかに、国民については、想像上のフィクションという規定が当てはまる。いくつもの重要な歴史研究があきらかにしたように、国民とは、歴史をこえて存続してきた実体的な共同体ではなく、近代をつうじて徐々に制度化されてきた「想像の共同体」（アンダーソン）である。また、その共同体をささえる文化的同一性も、近代以降に再構成された「創られた伝統」（ホブズボウム）にほかならない。[*1]

しかし、国家そのものについては、想像上のフィクションという規定は当てはまらない。国家は、暴力の社会的機能にねざしたフィジカル（物理的・身体的：physique）な運動体として具体的に存在している。それは、虚構された想像上の産物などではない。

国民国家批判が――国民だけでなく――国家をも想像上のもの、虚構されたものとみなしてしまうのは、それが国家と国民とを概念的に区別できていないからである。国民国家批判においては、国家の存在が国民の生成プロセスのなかに還元されてしまう傾向がある。ただし注意すべきだが、この傾向はけっしてせまい意味での国民国家批判にだけ当てはまるものではない。国家を「想像の共同体」とみなす発想は、いまや思想の領域における支配的なシェーマのひとつになっている。

こうした発想は国家に対する問題意識を歪めてしまう。というのも、それによって暴力の問題が置き去りにされてしまうからだ。国民国家批判においては、国民が形成されるメカニズムを解析し、そこから脱却しさえすれば、国家の問題は片づくと考えられる。国民国家批判が、国民的なものや共同体的なものを批判することに、過剰といえるほど固執するのはそのためだ(ある思想家やテクストのなかに国民的なものや共同体的なものを見つけだすことで、その思想を「乗り越えた」ような気になってしまうのも、おなじ発想に由来している)。

暴力にかんしていえば、国民国家批判が問題にするのは、せいぜい「言説の暴力」とか「共同体の暴力」とかいった抽象的なものでしかない。しかしそこでは、そうした抽象的

＊1　ベネディクト・アンダーソン『想像の共同体　ナショナリズムの起源と流行(増補)』(白石さや・白石隆訳、NTT出版、一九九七年)および、エリック・ホブズボウム他編『創られた伝統』(前川他訳、紀伊國屋書店、一九九二年)を参照。

な暴力を問題にすることのほうが、具体的な暴力を思考することよりも思想的に「高級」であるとされる。具体的な暴力がもつ複雑なメカニズムや、それを思考することの困難さが自覚されることはけっしてない。暴力の問題を言説や表象の問題へとすりかえるとき、国民国家批判もまた、国家を思考することを妨げる一つの観念にならざるをえない。

さきに述べたように、国家を共同体と結びつけてしまうのは、現在の国民国家形態を国家のプロトタイプとして自明視してしまうからである。言いかえればそこでは、現在の国家形態が、国家を思考する仕方にまで影響をあたえている。国家のあり方が、それを思考する枠組みをも規定するのだ。

この点にかんして、ブルデューはつぎのように述べている。

国家について思考しようとすることは、国家の思考をみずからに引き受け、国家によってつくられ保証された思考カテゴリーを国家にあてはめること、したがって国家に関するもっとも基本的な真理を誤認する危険をおかすことである。……われわれが世界のあらゆる事象に自発的にあてはめる思考カテゴリーを……つくり上げ押しつけることこそ、国家の主要な力の一つであり、われわれは国家から与えられた思考カテゴリーを国家そのものに自発的にあてはめていることを理解する……。*2

国家を思考しようとするとき、ともすればわれわれは、現在の国家のあり方を——無前提に——前提してしまう。目のまえの国家形態が思考におよぼす規定力はけっして小さくない。その規定力の大きさは、国民国家批判が、その批判的スタンスにもかかわらずなおも国家を共同体的なものにむすびつけてしまうところにあらわれている。

国民国家批判が正当にも指摘するように、国民国家の形態は近代をつうじて形成されてきたものであるならば、それ以前には国民的ではない国家が存在したはずであるし、また今後、存在しうるはずである。実際、暴力にもとづいた持続的な支配があれば、国民や共同体の有無にかかわらず国家は成立する。

だが、当の国民国家批判には、国民形態以外の国家のあり方を思考する視座がほとんどない。だからこそそれは、グローバリゼーションとよばれる現象によって、既存の国家形態をささえていたいくつかの制度が機能不全におちいると、それを国家そのものの解体の兆しと取り違えてしまうのである。じっさいには、これまでとは異なる国家のあり方が出現しつつあるだけなのだが。

おなじことは、いわゆる国家民営化論にも言えるだろう。そこでは、資本主義市場の力

＊2　ピエール・ブルデュー「国家精神の担い手たち」三浦信孝訳、『環』（vol.5）、藤原書店、二〇〇一年、九八頁。

によって国家の諸機能が民営化されることで、国家はいずれ消滅すると考えられる。これも、現在の国家形態を国家そのものと取り違えることではじめてなりたつ考えだ。

国家の民営化（privatization）とは、いまの公的な国家形態を私的なもの（private）にするということである。しかし、国家をなりたたせている暴力の実践は、はじめから公的なものであったわけではない。暴力そのもののなかに公私の区別があるわけではないからだ。特定の歴史的プロセスを経由することで、はじめて暴力の実践は公的なものと私的なものに分割されてきた。

要するに、国家を民営化したとしても、国家の基礎をなす暴力の実践は私的なかたちで残るのである。それは、より私的な国家の形態をもたらすにすぎない。国家の民営化はけっして国家の消滅を準備しない（国家民営化論における逆説については、第七章で取り上げる）。

国家の民営化をあたかも国家の消滅と取り違えてしまうのは、現在の公的な国家のあり方を国家のプロトタイプとして自明視しているからである。こうした陥穽をさけるためには、国家を存在させているもっとも基礎的な原理にまでさかのぼることが不可欠だ。われわれが暴力の社会的機能から国家を概念把握するのはそのためである。

もちろんそれによって、たとえばマフィアなどの私的な暴力組織と国家との区別はつかなくなるだろう。しかし、支配の保証や富の我有化のために暴力を組織化するという点では、両者とも違いはなく、むしろそこから、いかなるプロセスによって一方の暴力は国家としての正当性や公的性格を獲得することができたのかを問わなくてはならない。

両者は別のものという自明性から出発するかぎり、こうした問いはでてこない。現在の国家をめぐる自明性を括弧にいれることで、はじめて国家を系譜学的にとらえることができるのである。

2 国家・イデオロギー・主体――国家＝フィクション論の誤謬（1）

国家を言説や表象の問題としてあつかうことが、いまでは国家を論じるさいの支配的な方法となっている。

そこにあるのは次のような発想だろう。つまり、国家とはなんらかの実体ではなくフィクションであり、それがあたかも実在するように見えるのは、言語活動や表象のはたらきによって虚構されているからである。国家は、石や建物のように客体的に存在しているのではなく、むしろ神とおなじように、人びとによって表象され、言説をつうじて構成されることで、逆に人びとの思考や行為を拘束するような力をもつのである、と。

こうした発想からすると、国家主義的な思考だけでなく、国家に批判的に介入しようとする思考もまた、国家の呪縛にとらわれていることになる。つまり、国家への批判的な介入といえども、フィクションでしかない国家を実在するものとして想定し、それによってその虚構性を補強している、というわけだ。だから、国家の呪縛から逃れるためには、国家的ではない言説や表象のあり方をつくりだすか、あるいは国家にかかわりあうことそのものをやめなくてはならない、とそこでは結論づけられるのである。

しかし、国家を構成されたフィクションと見なすことは端的な誤りである。国家を共同体とむすびつける発想と同様に、それは、国家をなりたたせているフィジカルな運動を捨象してしまっている。

国家の実在性は、暴力の実践がもつ固有のリアリティにもとづいている。だから、国家が石や建物のように有形的に存在していないのは当たり前のことだ。国家だけではない。あらゆる社会的事象の実在性は、それをくみたてている実践の固有のリアリティにもとづいている。国家の存在が目に見えるものではないからといって、それをフィクションだと言ってしまうならば、社会的な実在性がもつ固有の次元を見逃すことになるだろう。暴力の実践がつくりだすリアリティを有形的なモノの実在性と同列に置くことによってのみ、国家＝フィクション論という見方は成立するのである。

もちろん、言説や表象のはたらきが国家の編成にまったくかかわっていないというわけではない。たとえば、暴力の組織化そのものがそれらのはたらきを介して実現される。ただしその場合でも、言説や表象は、あくまでも暴力の実践にくみ込まれるかぎりでのみ国家の編成に関与する。暴力の実践との連関を考察するのでないかぎり、言説や表象にもとづく方法は、夜郎自大な思考のゲームにならざるをえない。

とはいえやはり、国家の存在を言説や表象の問題へと還元しようとする傾向は根強い。その理由の一つに、アルチュセールやフーコーといった思想家が、社会的な事象を言説や表象の次元からとらえる方法を開拓したということがあるだろう。かれらの言説分析やイデオロギー分析は、社会的事象をめぐる思考のなかに決定的な不可逆点をもたらした。国家=フィクション論もまた、かれらの仕事のインパクトを受けている。

とはいえ、つぎの点は問われなくてはならない。アルチュセールやフーコーの方法は、はたして、社会的な事象を言説や表象の次元へと還元するようなものなのか。国家を想像上のフィクションだと見なすような発想は、むしろかれらの方法を誤読することによってのみ成り立つのではないか。

まずはアルチュセールについて見ていこう。

国家=フィクション論はしばしば、アルチュセールの「国家のイデオロギー装置」論を――直接的にせよ間接的にせよ――援用する。アルチュセールのこの理論は「イデオロギーと国家のイデオロギー装置」[*3]という論文のなかで展開されたもので、論文そのものは

＊3 Louis Althusser, «Idéologie et appareils idéologiques d'État», *Positions*, Éditions sociales, 1976.

国家を考えるうえでひじょうに重要なものだ。しかし、国家＝フィクション論はその「国家のイデオロギー装置」論をいわば転倒させてしまう。

アルチュセールはこの論文のなかでイデオロギーの構造や機能を分析している。ここでいうイデオロギーとは、特定の政治的立場や世界観といったせまい意味でのそれではない。イデオロギーはそこでは「諸個人がみずからの実際の生存条件に対して想像的にかかわっている仕方」として把握されている（cf. *ibid.* p. 101）。アルチュセールによれば、イデオロギーとはひとつの表象（représentation）である。つまり、イデオロギーをつうじて、「実際の生存条件に対する諸個人の想像的なかかわり」が表象されるのである。

たとえば、われわれは自分が誰なのか、そしてどのような者として他者に認識されているのかといったことを頭のなかで――つまり想像的に――把握しながら生活している。そこでつくられる自己イメージ（image）は、われわれがどのように社会的な関係に対して想像的（imaginaire）にかかわっているかという仕方を示している。ちょうど、「自分はデキる奴だ（あるいはダメな奴だ）」という自己イメージが、他者との関係のなかでさまざまな行為をつうじて形成されると同時に、ひるがえってその本人が他者との関係のなかで行為する仕方にも影響を与える、というように。こうした想像的なものの働きが、ここでいうイデオロギーの次元を指しているのである。

アルチュセールはこのように、人びとが社会的に生きるときには不可避的にもってしまう想像的なものとしてイデオロギーを分析しているのであるが、その分析のなかで「イデオロギーは諸個人を主体として呼びかける」というテーゼが提出される（cf. *ibid.* p. 110）。ここでいう主体とは承認の主体のことだ。つまり、諸個人は特定の誰それとして、あるいは父や子（または教師、学生、サラリーマン、労働者、店員）といった者として他者に呼びかけられ、そのような者として承認され、そしてその承認を自分も受けいれることで、社会的に行為する主体となる。社会的に存在し行為することは、特定の者として呼びかけられ、認知されることと切りはなせない。イデオロギーとは、諸個人が社会で行為する特定の主体として（相互）承認される想像的な場のことにほかならない。*4

アルチュセールによれば、承認をつうじて主体になることは、同時に服従することでもある。なぜなら、特定の者として承認され、かつ自分でもその承認を受けいれるということは、そのような者として振舞うということ、つまりそうした者としてのあり方に自己の行為をあわせるということだからだ。たとえば、人びとが他者からの承認をもとめて

＊4　こうしたイデオロギーのはたらきを説明する箇所で、アルチュセールがスピノザに——言葉少ないながらも——言及していることは注目される（*ibid.* p. 115）。じじつスピノザは『エチカ』第三部で、想像的なもののはたらきをつうじて社会関係が情動的に編成されるメカニズムを分析している。スピノザの情動論はこの点で、現代におけるイデオロギー論の先駆けであると言えるだろう。そのスピノザの分析は、第二章でわれわれが見たように、暴力が集団的に加工される機制をとらえるためにも重要なものである。

(「他人に認められたい」と思いながら)いろいろと努力したり、相手の期待に添おうとするとき、承認の主体と服従とのむすびつきが顕著にあらわれるだろう。

ここには、フランス語に親しい人にとってはお馴染みのターミノロジーがある。つまり、主体(sujet)になることは服従すること(*assujettissement*:臣民化)でもあるというターミノロジーである。問題はこの場合なにに対して服従するのか、ということだ。それは、「教師は(生徒は、父は、労働者は、店員は)かくあるべし」と命じてくる、より上位の権威に対する服従にほかならない。この上位の権威はもちろん実際の上司や指導者といった具体的な人格であることもあるが、社会の秩序や規範といった非人格的なものでもありうる。アルチュセールはその上位の権威を大文字の主体(Sujet)と表記している。

アルチュセールは国家のイデオロギー装置を、こうしたイデオロギーの機能からとらえている。つまり、諸個人を承認の主体として呼びかけ、彼らの服従を引きだす装置として、である。この場合、服従がなされるべきは、国家がみとめる秩序や規範に対して、ということになるだろう。

国家=フィクション論にもどろう。国家=フィクション論はこうしたアルチュセールの理論にもとづいて、国家を、諸個人を主体にしながら服従させる装置として位置づける。そこでいわれる主体とは、国家のメンバーとして国家に服従する主体、すなわち臣民または国民としての主体である。つまり国家は、諸個人を臣民や国民といった服従せる主体につくりあげる装置としてそこでは考えられるのだ。

アルチュセールの「国家のイデオロギー装置」論が、まさにここで転倒させられる。もともとアルチュセールがこの論文で「国家のイデオロギー装置」の概念を提起したのは、軍隊や警察、司法といった、暴力をつうじて機能する「国家装置」の概念を前提とすることによってである。つまり、国家のイデオロギー装置は単独で機能するのではなく、国家装置による暴力の実践とむすびつくことではじめて機能する。国家のイデオロギー装置のはたらきをとらえるためには、まずは暴力装置としての国家のはたらきを押さえておく必要があるのだ。アルチュセールはいう。

国家とは、なによりもまずマルクス主義の古典的著者らが国家装置とよんだものである。このタームによって理解されるのは、司法的な実践の要請からその存在と必要性が認められた、(せまい意味での) 専門化された装置、つまり警察や裁判所、監獄といった装置だけではない。さらに、警察やその専門化された補助的な機関によっては「手におえないような出来事」が起こったとき、最終的な補完のための抑圧的な力として直接介入してくる……軍隊や、さらにはそれらの集合体のうえに位置する国家元首や政府、行政なども、国家装置というタームにおいて理解されなくてはならない (*ibid.*, p. 77、強調原文)。

こうした国家装置は、国家のイデオロギー装置が機能するための基礎である。国家のイデオロギー装置は、暴力をつうじて作動する国家装置からけっして分離されえない。しかし、国家＝フィクション論は、そうした国家のイデオロギー装置の位置づけを、国家装置から切りはなし、「国家＝イデオロギー装置」にしてしまうのだ。

警察や軍隊、司法、行政といった国家装置は、暴力を行使し、命令を課すものとして、まさに国家のフィジカルな運動を体現している。しかし国家＝フィクション論は、そうした国家装置から国家のイデオロギー装置を分離し、そのイデオロギー装置だけを国家と見なすことで、国家のフィジカルな運動を考慮にいれなくてもいいような国家理論をつくってしまう。そこでは国家は、服従する主体を生みだす装置そのものとして、たんに想像的なレベルでのみとらえられる。国家の存在を「内面的な」問題へと還元するような理論的枠組みがこうして成立する。

国家＝フィクション論はしたがって――理論的にはほとんど意味がないと思われるほど――主体という言葉に対して過剰に反応する。もし国家や政治にかかわる文脈で主体という言葉をうっかり使ってしまおうものなら、ただちにそれは国家の呪縛にからめ取られた思考として、国家＝フィクション論によって分類されてしまうだろう。

こうした方向性はさらに伸張される。つまりそこでは、国家が諸個人を主体にするのではなく、主体という概念が国家を仮構し成立させるのだとすら言われるようになるのだ。そして、主体の概念を批判し、諸個人が主体として生成されるメカニズムを暴きだしさえすれば、国家を否定したり、乗りこえたりすることができると考えられるのである。

しかし、こうした把握にたつかぎり、なぜそもそも国家は諸個人を主体として呼びかけるのかということを説明することはできない。また、なぜ国家というものが存在するのか(あるいは国家=フィクション論の発想にしたがえば、なぜ国家というものが虚構されなくてはならなかったか)ということも説明できなくなる。これは、国家を思考するうえで大きな理論的欠陥だ。しかしその欠陥は、イデオロギー装置としての国家のはたらきを暴力の実践から切りはなすことから生じる、当然の帰結である。

アルチュセール自身は、「国家のイデオロギー装置」論を、いかにして資本主義的な生産関係が再生産されるのかという問題設定のなかで練りあげている。国家装置そのものもそうした文脈のなかに位置づけられている。それによれば国家とは、資本主義的な生産関係の再生産を暴力によって、あるいはイデオロギーによって保証するための装置にほかならない。なぜ国家は存在するのか、そしてなぜ国家はイデオロギー装置を備えているのかということの根拠がそこでは示されている。

もちろんこうしたアルチュセールの認識がどこまで妥当なものかという点については検討の余地があるだろう。この場合ポイントとなるのは、国家による富の収奪が資本主義的な搾取とどのような関係にあるのかということである。この問題をわれわれは第七章で考察する。

しかし、こうした議論がそもそも可能なのは、アルチュセールが国家のイデオロギー装置の根拠をよりひろい社会的なコンテクストのなかに位置づけているからである。国家＝フィクション論は、アルチュセールの「国家のイデオロギー装置」論を転倒させるだけではない。国家の存在根拠を問うことができないという点で、それはアルチュセールの理論がもっている射程を狭めてしまうのである。

3 国家と言説——国家＝フィクション論の誤謬（2）

つぎにフーコーについて見ていこう。

国家＝フィクション論はつぎのように考える。フーコーの言説分析は、人間の認識や社会的事象が言説によって構成されていることを明らかにした、と。

こうした考えに立つならば、国家は、他のさまざまな社会的事象と同じく、言説によって構成されたものとして考えられなくてはならない。そこでは、国家の実在性を前提とするような思考は、フーコーがもたらした理論的転回を無視するものであると見なされる。国家は言説によって語られることではじめて社会的に存在するものとして仮構される。これが、国家＝フィクション論がフーコーからうけとった基本的な認識にほかならない。

しかし、フーコーの言説分析をじっさいに検討してみると、こうした社会構成主義的な考えは、フーコーの方法とはかなりずれていることがわかる。

フーコーはみずからの言説分析の方法を『知の考古学』のなかで全面的に説明している。それによれば、言説によってある対象が語られうるためには、一定の条件が満たされなくてはならない。その条件を探るのがフーコーの方法である。フーコーはいう、「言説の対象があらわれるための諸条件、対象について「何かを言い」うるための、そして多くの人がそれについてさまざまなことを言いうるための歴史的諸条件」[*5]、これを分析しなくてはならない、と。

ここからすでにつぎのことが示唆されるだろう。フーコーは言説を、実在していないものを語ることによって構成するものとは考えていない。そうではなく、言説は一定の条件のもとではじめてある対象（国家なら国家という対象）について語ることができる。言説とは、特定の歴史的条件にしたがって展開される実践にほかならない。

これに対し、国家＝フィクション論は、実在していない対象をあたかも存在するかのように、言説が仮構できると考える。つまりそれは、〈対象を構成する言説〉という図式へ

＊5　ミシェル・フーコー『知の考古学』中村雄二郎訳、一九八一年改訳、河出書房新社、七〇頁。

とフーコーの着想を転倒させてしまうのだ。

先にすすもう。では、言説がしたがうべき諸条件とはなんだろうか。フーコーはいう、それは「言説があれこれの対象について語りうるために、そしてその対象をあつかい、名づけ、分析し、分類し、説明しうるために、実行しなくてはならない諸関係の束」である、と(同、七二頁)。ある対象が言説によって語られうるためには、一定の「諸関係の束」が実現されなくてはならない。

それ(=言説の対象:引用者)は、諸関係の複雑な束からできた実定的な諸条件のもとに存在する。……それらの関係は、諸制度、経済的・社会的なプロセス、ふるまいの諸形態、規範のシステム、技術、分類の諸類型、特徴化の仕方などのあいだにうちたてられる(同、七〇頁)。

重要なポイントである。言説がある対象を語りうるために実現されるべき諸関係は、けっして言説的なレベルにはとどまらない。それは、制度や経済的・社会的プロセスといった非言説的な関係もふくんでいる。「言説の諸関係は、このように、言説に内在するものではない」(同、七二頁)。

もちろん、だからといってこうした非言説的な関係を、言説に対して特定の対象を語ることを外部から課してくるものとして考えることはできない。フーコーは、〈物質的な関係が言説の内容を外側から規定する〉といった因果論的な図式を認めない。問題となっている諸関係とは、あくまでも、言説が特定の対象について語りうるための諸条件だということに留意しよう。フーコーにおいて、条件としての規定性と原因としての規定性ははっきりと区別される。*6

＊6　この点についてフーコーは、みずからの言説分析を考古学と呼びながらつぎのように述べている（ちなみに、フーコーは用語のレベルでも、原因としての規定性と条件としての規定性とを区別しているように思われる。前者の場合はおもに déterminer という動詞がもちいられ、後者ではおもに définir という動詞がもちいられる）。
「考古学が医学的言説をいくつかの実践に関連づけるのは、表現よりもはるかに「直接的」ではない関係を発見するためであり、また、語る主体の意識によって中継された因果性の関係よりもはるかに直接的な関係を発見するためである。考古学が示そうとするのは、政治的実践がどのように医学的言説の意味や形態を規定したか（déterminé）ということではなく、どのように、そしていかなる根拠でそれが医学的言説の出現や組み込み、作用の諸条件の一部となっているのかということなのである」（同、二四八頁）。

　フーコーの言説分析において、言説的実践と非言説的実践の関係はどのように考えられているのか、そして因果性とは異なる〈条件としての規定性〉はどのような内実をもっているのか、といった問題はフーコーを理解するうえでひじょうに重要であるが、ここではくわしく触れることはできない。これらの問題については、拙稿「フーコーの方法　権力・知・言説」（『現代思想』二〇〇三年一二月臨時増刊総特集「フーコー」、青土社）を参照されたい。

言説における諸関係とは、ある事象が言説の対象となるときにはじっさいに実現されている諸条件のことだ。たとえば非行者が精神病理学という言説の対象となったのは、司法上の諸制度が再編されたり、医学上の審級と裁判上の審級との関係が再定立されたり、といったことを通じてであった(同、六八頁参照)。

要するに、言説において実現される諸関係は、言説的なレベルにだけ限定されるものではないが、かといって言説に対してまったくの外部にあるわけでもない。それは「言説の境界」に位置する、とフーコーはいう(同、七二頁)。言説はつねに、言説的な実践と非言説的な実践の双方にまたがって編成されるのだ。

フーコーの言説分析は、けっして言説的なレベルに閉じてしまうことはない。逆にそれは、言説の編成がそのもとで展開される総体的な領域へと向かう。フーコーは言説をめぐるみずからの考古学的考察をつぎのように説明している。

いいかえるなら、言説をめぐる考古学的記述は、一般史の次元で繰りひろげられる。その記述は、言説の編成がそのうえで実現される制度や経済的プロセス、社会諸関係といったもののすべての領域を発見しようとするのだ(同、二四九—二五〇頁)。

したがって、国家=フィクション論の方法と、フーコーの言説分析の方法は、まったく逆方向をむいていることになる。国家＝フィクション論は、言説があれこれの対象を仮構していると考え、そうした言説の水準へと分析を閉じようとする。国家＝フィクション論が、じっさいに国家をなりたたせているさまざまな実践や諸制度には関心をもたずに、国家を仮構していると思われる言説やテクストを必死になって探しだし、分析しようとするのはそのためだ。

したがって国家＝フィクション論は、国家を仮構している（とそれが考える）言説や思考のあり方を批判することで、国家を乗りこえようとする志向性を必然的にもつことになる。その志向は、国家を批判している言説のなかにすら国家的なものの痕跡があるということを指摘することで、みずからの知的優位性をしめそうとするような方法へと先鋭化されるだろう。

しかしフーコーの方法的立場からすれば、国家を「知的に」乗りこえることは問題にすらならない。フーコーの言説分析の方法は、国家の存在を言説のレベルへと還元することに真っ向から対立する。フーコーはいう。

考古学的記述が示そうとするのは、いかにして言説のもつ自律性と特殊性が、それにもかかわらず純粋な理念性と全面的な歴史的独立性というステイタスを言説に与えることはないのかということである（同、二五〇頁）。

フーコーの言説分析から、「社会的事象は言説によって構成されている」というテーゼを導きだすことは正しくない。それは、フーコーの言説分析が社会理論としてもっているひろい射程を切り縮めることによってのみ可能となる。フーコーは言説を、ある事象を構成する基底的な作用因とはみなしていない。言説的な実践と非言説的な実践との絡みあいをつうじて人間の活動領野や社会関係が編成されていくメカニズムこそ、フーコーの言説分析が考察しようとするものなのである。

第五章　主権の成立

1　暴力をめぐる歴史的問題としての主権

ここから系譜学的な問いへと移行しよう。国家はどのようなプロセスをつうじて現在のようなあり方になってきたのか。まずこの章では、主権国家体制がどのように形成されてきたのかを考察する。

主権国家体制とは、近代における国家のあり方を特徴づけるもっとも基本的な枠組みにほかならない。近代における国家は、主権をもつという点で、それ以前の国家から区別される。現在では、主権があるかどうかということが、国家が存在するかどうかの根本的な指標となっている。したがって問われるべきは、主権とはなにか、主権の成立によって国家のあり方はどのように変容したのか、ということになる。

はじめに、主権を論じるさいの注意点を述べておこう。

最近では、主権の問題を、超越的な審級の成立といった形式的な問題としてあつかおうとする傾向がつよい。たしかに主権には「至上の超越的な権力」といった意味がある。しかし、だからといって超越性をめぐる形式的な問題をいくら探求しても、主権の固有性をとらえることはできないだろう。というのも主権の成立とは歴史的な出来事であるからだ。超越的な審級じたいは、主権国家が成立する以前から存在する。超越的な審級があるからといって、必ずしもそこに主権が成立するわけではない。主権の成立とは歴史をもたない形式的な問題ではないのである。

形式的な把握に欠けているもの、それは暴力への視座である。国家を思考するためには、それを暴力の歴史のなかに置きなおさなくてはならない。主権システムとは、集団的な暴力が社会的に処理されるひとつの歴史的なあり方である。それは具体的な歴史的起源をもっている。主権が成立するのは、暴力のエコノミーの歴史的な変容をつうじてなのだ。

主権システムの成立は、国家が社会のなかで暴力への権利をもった唯一の審級となることと切りはなせない。暴力への権利が一元化されるということが、主権の成立の基礎にある。すでに見たように、ウェーバーは「合法的な暴力行使の独占」によって（近代）国家を定義した。この独占が、近代国家をそれ以前の国家から区別する。主権システムは、そうした近代国家の形成をつうじて構築されてきた。

逆にいえば、主権国家が成立する以前においては、暴力への権利は社会のなかで一元化されていなかった。では、そこでの国家のあり方とはどのようなものだったのか。主権の成立によって国家のあり方がどのように変容したのかを理解するために、まずはこの点から見ていこう。

2 近代以前の国家形態

暴力への権利が特定の審級によって一元化されていない状態とは、まさにホッブズが自然状態とよんだものだ。ホッブズのいう自然状態は、合法的な暴力行使を独占した（近代的な）国家が成立する以前の状態をさしている。

すでに見たように、合法的な暴力を独占した審級が存在しないということは、「みずからだけが暴力をもちいる権利をもつ」ということを実効的に要求することができるだけの物理的実力をもったエージェントが存在しないということである。つまりそこでは、他の暴力を実効的に取り締まることができるだけの力をもったエージェントは存在しない。こうした自然状態においてはなにが起こるのか。ホッブズはいう。

したがって、……権力が樹立されていなかったり、われわれの安全保障に十分なだけおおきくなかったりするならば、各人は他のすべての人びとに対する警戒から、自己の強さと技巧《アート》にたよろうとするし、かつ、そうすることは合法的なのである。そして人びとが小家族をなして生活していたあらゆるところでは、たがいに強奪し掠奪することが、ひとつの生業《トレード》であって、自然の法に反するとみなされるどころか、かれらがえた掠奪品がおおければおおいほど、かれらの名誉もおおきかった。[*1]

自然状態においては、各人は他者からの暴力を取り締まってくれるような審級を当てにすることができない。したがってかれらは、自己をまもるためにみずから暴力の実践に身を投じなくてはならない。ここから「各人の各人に対する戦争」という、あのホッブズの有名な言葉がでてくる。

ホッブズの自然状態の考えに対しては、しばしば次のような批判がなされてきた。「各人の各人に対する戦争」とは頭のなかで捏造されたひとつの抽象であり、実際には、アトム化された諸個人がたがいに戦争しているという状態が歴史のなかに存在したわけではない。自然状態とは国家状態からのいわば引き算によって遡行的に見いだされた虚構でしかない、と。

こうした批判は、しかし、それほど的を射ていない。というのも、ホッブズのいう「各人の各人に対する戦争」が示しているのは、他の暴力を取り締まるだけの力をもった審級が存在しないところでは論理的にそうなるということであるからだ。つまりそれははじめからひとつの抽象なのである。抽象としてだされている言葉を抽象だといっても、それは批判にはならない。ホッブズ自身、こうした「批判」がだされるであろうことをあらかじ

＊1　トマス・ホッブズ『リヴァイアサン（二）』水田洋訳、岩波文庫、一九九二年改訳、二八頁。

め承知している。

このような戦争の時代も状態も、けっして存在しなかったと、おそらく考えられるかもしれない。また私は、全世界にわたって普遍的にそうだったのでは、けっしてないと信じる（同、一巻、二一二頁）。

問題は、「各人の各人に対する戦争」という言葉がホッブズの自然状態をあらわすものとしてひとり歩きしてしまっていることだろう。しかしホッブズ自身は、それが実際の自然状態のあり方をあらわすものとは考えていない。ホッブズが考える自然状態とは、アトム化した諸個人がたがいに対立しているといった状態ではなく、むしろ、人びとが離散集合をくりかえすことで、暴力の組織化が流動的になされる状態である。

こうしてそこから、つぎのようなことが生じる。すなわち、侵入者が、ひとりの他人の単独の力以上には、おそれるべきものをもたないところでは、ある人が植えつけ、種子をまき、快適な住居を建築または占有すると、他の人びとが合同した力をもってやってきて、かれを追いだし、かれの労働の果実だけでなく、かれの生命または自由をも、うばいとることが、おそらく予想されるだろう。そして、その侵入者は、さらに別の侵入者による、同様な危険にさらされるのである（同、二〇八―二〇九頁、強調引用者）。

また、少数の人びとの結合が、この安全保障をかれらに与えるのでもない。なぜならば、少数であるばあいには、そのいずれかの側へのちいさな追加によって、強さの優越が、勝利をえるに十分なほどおおきくなり、したがって、侵略するように勇気づけるからである（同、二巻、二一九頁）。

ホッブズのこうした記述は、むしろ具体的な歴史状況を描写するものとして読まれなくてはならない。「各人の各人に対する戦争」という表現がひとつの抽象であるからといって、自然状態の概念そのものをまったくの虚構として廃棄することはできないのだ。それは、暴力への権利が一元化される以前の歴史状況に対応している。

近代的な国家が出現する以前においては、人びとが状況の推移にしたがって結合したり離反したりすることで、暴力の組織化は多元的で流動的なものとなる。そこでは、暴力の組織化がなされる単位もおおきなものではなく、帝国などのマクロな統治の状態もまた、そうした諸単位のあいだの動的な均衡関係によってなりたっていた。

主権の成立によって、こうした流動性はせき止められる。暴力への権利がひとつの審級によって独占されるということは、その審級のもとへと暴力の組織化の運動が統合され固定化されるということである。それによって、マクロな統治の状態は、暴力を組織化した複数のエージェントのあいだの依存関係によってではなく、一元化された広範な暴力の組織化の運動によって担われることになるだろう。

主権の成立は、暴力への権利を持つものと持たないものとのあいだの非対称性を社会のなかにもちこむ。しかしそれがなされるまでは、あらゆる階層の人びとがみずからの力や収入に応じて武器を調達し、暴力を行使してきた。このとき国家の存立は、人びとが具体的に結びつくことによって形成される力関係の布置に規定される。プリミティヴな形態の国家ほど、諸個人のあいだの具体的な結びつきだけで組みたてられるのである。

これまで論じてきたように、国家の基盤となっているのは、暴力を背景にして他者を服従させながら富を徴収するという運動である。つまり、国家のもっとも基本的な要素とは、暴力にもとづいた人間のあいだの支配関係にほかならない。この点では、近代的な国家も、それ以前の国家も変わりがない。ウェーバーはつぎのように述べている(ウェーバーにおいて国家とは近代国家を指すことに注意)。

国家も、歴史的にそれに先行する政治団体も、正当な《レギティーム》(正当なものとみなされている、という意味だが)暴力行使という手段に支えられた、人間の人間に対する支配関係である*2。

近代以前においてはとりわけ、こうした人間のあいだの支配関係が国家をなりたたせるかなめとなっていた。

たとえば武士のあいだの主従関係を考えてみよう。それは主人と臣下のあいだの個人的な忠誠によってなりたっている。AがB（B_1、B_2、B_3……）を従わせ、BがC（C_1、C_2、C_3……）を従わせ、という連鎖が暴力の組織化を可能にする。そしてそれがひとつの集団となって、他の住民たちを支配し、富を徴収する。こうした仕組みは、たとえば現在のヤクザ組織などにも見られるだろう。それは、暴力が組織化されるときのエレメンタルなあり方をしめしている。

こうした武力集団が林立しているというのが、近代以前の状態である。個人的な主従関係をなりたたせるのは、血縁、地縁、信仰、義理などさまざまだろう。そして、いくつかの武力集団のリーダーが他のリーダーとの主従関係に入ることで、さらにおおきな武力単位が形成される。近代以前の王や皇帝とは、そうした主従関係のネットワークの頂点に位置するもののことだ。そしてそのネットワークをつうじて富が吸い上げられていく。

＊2　マックス・ヴェーバー『職業としての政治』脇圭平訳、一九八〇年、岩波文庫、一〇頁、強調原文。

こうした仕組みから、近代以前の国家形態にかんして、いくつかの特徴がみちびきだされる。

まず、王や皇帝の支配はどれほど強大なものであろうと、末端のメンバーに直接およんでいるわけではない。ましてや、末端で富を徴収される住民にとっては、王や皇帝の存在はほとんど関係のないものだった。そこでの支配は、いくつもの個人的な主従関係を介した間接的なものである。

おなじことは領土についても言える。王や皇帝はすべての領土を一元的に支配しているわけではなく、ただ間接的にのみ、つまりある地域を支配している武力集団のリーダーをみずからのもとに従わせているという仕方によってのみ、支配しているにすぎない。だから、そうした主従関係のネットワークが途切れる周辺地帯では領土の帰属はあいまいであり、明確な境界線というものは存在しなかった。ちょうど、近代以前の琉球諸島地域が、そこの支配集団が対外的にもっていた二重の主従関係にもとづいて、日本と中国に両属していたように。

さらに、近代以前においては、広大な帝国といえどもその支配領域を「面」として支配していたわけではない。それは主従関係のネットワークにもとづいて交易のルートと拠点を掌握していたにすぎない。面としての領土という観念は、国家にとっての必要不可欠な構成素ではないのである。

また、戦争には、武力集団のあいだのさまざまなレベルでの紛争が含まれていた。個々の武力集団間の紛争も戦争であり、複数の集団がかかわる紛争もまた戦争である。両者のあいだには質的な区別はない。ヨーロッパ中世におけるフェーデは私戦として位置づけられるが、それが王権のかかわるような公戦と区別されたのは、たんに規模の違いによってのみだ。暴力への権利の有無によって、公戦と私戦が区別されていたのではない。

また、下位の武力集団同士の紛争があった場合、王権の役割とは、かれらを処罰するというよりは仲裁することであった。国王といっても、暴力への権利を独占した審級ではなかったからだ。それはちょうど今日、ヤクザ組織のあいだで紛争があった場合、影響力のある上位の組織が、かれらの手打のために仲裁にはいるのに似ている。

つまり、近代国家によって正当な暴力行使が独占される以前には、単一的な領土も、一元的な支配関係も存在しなかったのである。当時の国家のあり方は、むしろネットワーク的で多元的だ。「単一的な領土における住民全体が国家の主権をになう」というような国民国家の形態は、そこには成り立ちようがない。[*3]

3　暴力の独占と政治的なものの自律化

主権が成立するためにはどのような条件が必要だろうか。

すでに見たように、あるエージェントによって合法的な暴力行使が独占されるためには、そのエージェントは他の暴力をじっさいに取り締まることができるだけの物理的実力をすでに備えていなくてはならない。暴力への権利は、暴力そのものの圧倒的な格差のもとでのみ独占されうる。

つまり、主権が成立するためには、特定のエージェントが他を圧倒しうるだけの暴力を蓄積することが必要となる。しかしこれは見かけ以上に困難なことだ。というのも、あるひとつのエージェントだけが、おなじように暴力を組織化しようとする他の諸々のエージェントを押しのけて、圧倒的な暴力を蓄積できるということは、ほとんど起こりえないからである。だからこそ、近代にいたるまで暴力への権利を独占した主権国家は出現しなかったのであり、それ以前においてはいくら強大な帝国といえども、暴力を組織化したいくつものエージェントの依存関係をつうじて存立するほかなかったのである。

ノルベルト・エリアスによれば、近代国家による暴力の独占は、ふたつの要因によって可能となった。貨幣経済の発達と火器の発達である。

貨幣経済の発達は、土地の分与を貨幣による俸給へと変換した。それまでは、王や封建領主はみずからの家臣に服従の対価として土地を分け与えていた。土地とは、自給自足を可能にする経済単位にほかならない。その土地を分与されることで、家臣はあるていど独立した封土の所有者となっていく。これによって王や領主の権力は分権化され、非統合化される。王や封建領主は、家臣への支配を維持するために、逆説的にかれらを独立させなくてはならないのだ。

貨幣経済の発達はこうした分権化の運動を停止させる。力のある王や一部の大規模な封建領主は、都市を防衛することで、貨幣による税収を得たり、またみずからの生産物を交易ルートに乗せたりして、貨幣経済との関係を深めていく。小規模な領主たちはこれに対し、都市との関係を築くことができず、貨幣経済とのむすびつきも疎遠なままだ。貨幣をつうじた富の我有化という点において、王や一部の領主とそれ以外の領主のあいだで根本的な格差が生じるのである。

貨幣による税収入を背景とすることで、王や大規模な領主たちはみずからの家臣に土地ではなく貨幣によって俸給をあたえるようになる。土地の分与をつうじた権力の遠心化作

＊3　近代以前における広域的なネットワークを規範的なレベルでささえていたのは普遍宗教である。神学的なものは、ネットワークの存立に対して構成的な役割をはたしていた。

東浩紀『存在論的、郵便的――ジャック・デリダについて』（新潮社、一九九八年）が出て以来、神学的なものをネットワーク的なものによって乗りこえるといった発想がひろく受け入れられているが、それは正しくない。神学とネットワークは対立するどころか、たがいに補完しあう。このことは現代にも当てはまる。両者は対立するものという前提から出発するかぎり、脱領土化し、ネットワーク化しつつある現代の政治システムにおいて、神学的なものがせり出してきている事態を把握することはできない。

用がこうして断ち切られる。かわりに、貨幣を与えることができる王や領主のもとへ権力がますます集中していく。

また火器の発達は、兵力が動員される仕方を根本的にかえた。それまでは、鎧をまとい馬にのった重騎兵部隊が戦力の主軸であった。それを組みたてていたのは、ひとつの戦闘主体として相対的に独立した戦士貴族である。しかし、火器の発達によって、王や有力な封建君主は、かれらとの主従関係に依存せずに兵力をくみたてることができるようになる。つまりかれらは、さまざまな階層から雇った兵士たちに火器をもたせて、その部隊を直接みずからのもとで編成できるようになるのだ。そしてその兵士たちには、土地ではなく貨幣俸給があたえられる。これに対し、小規模な領主である個々の戦士貴族らは、火器の部隊を自前で調達するだけの力がない。王のもとで直接編成される火器部隊のまえで、逆にかれらは武装解除させられていくだろう。それによって軍事力そのものが王のもとに集中化していくのである。[*4]

こうして、貨幣経済の発達と火器の発達というふたつの要因をつうじて、暴力は特定のエージェントのもとへと統合されていった。それにともない富や土地もそのエージェントのもとへと集まっていく。絶対主義王権国家はこうしたプロセスの延長線上で成立する。われわれはさきに、国家形態を規定するふたつのファクターを見定めておいた。物理的暴力の行使をささえるテクノロジーと、社会的富が産出される様式である。暴力を独占する近代的な国家の成立にも、これらふたつのファクターは構成的なはたらきを担っているのだ。

こうした暴力の集中によってなにが生じるのか。〈政治的なもの〉の自律化である。その自律化はとりわけ、暴力にもとづいた決定や秩序形成の力が、宗教的な権威から自律化することとしてあらわれる。それまでは、決定や秩序の実効性は宗教的な権威によってもたらされていた。しかし、暴力が特定のエージェントのもとへと集中することで、そのエージェントは、みずからの意志を宗教的な権威に依存することなく貫徹しうるだけの力の優位性をもつことになるのである。

その自律化した〈政治的なもの〉を主権として概念化したのが、ジャン・ボダンである。かれは『国家論六篇』(一五七六)のなかで、主権を国家の絶対的で永続的な権力として定義している。特徴的なのは、そこでは法が、主権をもつもの(君主)の意志にもとづく命令として考えられていることだ。

中世的な王権論では、法とは慣習的な神の法として、世上の治者がどうこうすることが

＊4 以上、エリアス『文明化の過程(上・下)』(赤井他訳、波田他訳、法政大学出版局、一九七七、一九七八年)および『宮廷社会』(波田他訳、法政大学出版局、一九八一年)を参照。また、奥村隆『エリアス・暴力への問い』六四―九一頁では、暴力の独占をめぐるエリアスの考察が簡潔にまとめられている。

できるものではなかった。そこでは国王といえども、慣習的な法にしたがってさまざまな紛争を処理したり仲裁したりする裁判権しかもっていない。これに対しボダンにおいては、主権者の権力は、なによりもまずみずからの意志にもとづいて命令する立法権として位置づけられる。つまりそこでは、宗教的な法をこえて、主権者は決定し命令することができるのだ。その自律化した権力が主権を構成する。主権が成立するのは、暴力の独占をつうじて決定の審級が自律化することによってなのである。[*5]

とはいえ、ここで問題が生じてくる。宗教的なものから自律化した政治的なものをどのように根拠づけるか、という問題だ。それまでは、支配するものは宗教的な権威からその正統性を受けとってきた。いわゆる神授権説である。しかし、神学的な法への従属をはなれて決定をなす主権者は、みずからを根拠づけるために神学的なものに依拠することはできなくなる。もちろん、民衆に支配の正統性をしめすイデオロギーとしては、「神（の代理人）からの権力の授与」という図式はずっと生き残るだろう。しかし、自律化した政治的なものを理論的に根拠づけようとするなら、もはや神学的なものに訴えることはできない。

ここから社会契約の図式が生まれてくる。社会契約説とは、住民たちの意志にもとづいた契約によって政治的なものを根拠づけようとする理論装置にほかならない。神ではなく住民たちの意志が、支配の審級に正統性をあたえるのだ。

宗教に対する政治的なものの自律性をどのように根拠づけるかという問いは、ボダンにおいてはいまだ萌芽的なかたちでのみ示されていた。というのもボダンは、主権との対比において教会の権力を制限しながらも、主権を根拠づけるためになおも神授権説を援用しているからだ。

社会契約説はこれに対し、神学的なものに依拠することなく政治的なものを根拠づける回路を設定する。だから、そこでの契約概念を——実際には契約などなされなかったという理由で——架空の物語として片づける安易な発想はやめなくてはならない。むしろそこに見るべきは、神学と政治との緊張関係だ。じじつホッブズは『リヴァイアサン』のなかで、契約概念によって主権を基礎づけたあと、その後半部分のすべてをつかって教会と国家の関係を論じている。

ところで、政治的なものの自律化は、主権者と住民のあいだに直接的な服従関係が打ちたてられることを意味する。というのも、暴力が特定のエージェントのもとへと統合されることは、それまでの多元的な主従関係がそのエージェントのもとに一元化されるということだからだ。かつての中世的な身分規定や職能団体への帰属は、それによって無効化さ

＊5　ボダンの政治哲学については、さしあたり日本語で読めるものとして、佐々木毅『主権・抵抗権・寛容』（岩波書店、一九七三年）を参照されたい。

れるだろう。バリバールはボダンを論じつつ、それを「脱団体化」と呼んでいる。

> 主権は限定された領土内にて行使され、そこでは、主権は他のいかなる主権をも寄せ付けない。ボダンの一般的な命題も、彼が議論する実例も……暗にこのことを言っている。だがそのことの中に彼は、とりわけ、主権者と臣民との直接的関係、媒介も分化もない権力関係が成り立つための、条件を見ている。この条件を私は、脱団体化〔désincorporation〕と呼ぶよう提案する。アルチュセールの有名な定式をひっくり返して、つぎのように言っておこう。主権者の本質的な特徴は、臣民＝主体に呼びかけて、彼らを個人に変えることにある。つまりは、中間「団体」を、個人に個別的な身分証明を与える「帰属」を、無視したり無効化すること。*6

前章でみたように、アルチュセールは国家のイデオロギー装置の本質的なはたらきを、諸個人に呼びかけることで彼らを臣民＝主体にすることのなかにみた。バリバールはそのテーゼをひっくり返すことで、主権の成立がそれ以前のさまざまな帰属（宗教的・身分的・地域的……）を中和化する事態を言いあらわしている。それによって住民は、さまざまな帰属に媒介されることで支配関係のネットワークに組み込まれるのをやめ、個人として直接国家との服従関係におかれるようになるのだ。

こうした「脱団体化」は、近代日本において主権が確立されるプロセスのなかにも観察されるだろう。つまり、士農工商の身分制を廃止して、主権者としての天皇の身体に住民を直接的にむすびつけたプロセスである。そのむすびつきを制度的に体現したのが戸籍制度にほかならない。

注意すべきなのは、こうした直接的な権力関係の確立は、それ以前の諸帰属を――無効化するとはいえ――完全に解体してしまうわけではない、ということだ。その権力関係はむしろ、かつての古い諸帰属を加工しながら国家への帰属へと統合する。その結果、それらの諸帰属は主権の法的秩序のまえでは「意味のないもの」とみなされるようになり、建前的な平等主義が成立することになるのである。

だが、主権は身分規定と団体への帰属を廃止するわけではなく、それらを法に照らして「無効」と見て、それらの上に別の帰属――「団体的」でない、個人的な帰属、公正であるよりは平等である帰属、国家統治にかかわってくる唯一の帰属――を覆い被せるのである（同、一八二頁、強調原文）。

＊6　エチエンヌ・バリバール「主権論序説――国境、国家、人民（上）」福井和美訳、『環』（vol.5）、藤原書店、二〇〇一年、一八一頁、強調原文。

こうした服従関係の一元化は、富の徴収の一元化と並行している。ちょうど、戸籍制度の制定が住民全体から直接的に税を徴収する目的とかかわっていたように、である。暴力の独占は、富の徴収の一元化と分離しえない。そこでは、多元的な主従関係のネットワークをつうじて富が吸い上げられる形態が、直接的で一元的な税の徴収によって置きかえられる。ブルデューはいう。

物理力資本の集中化は効率的な課税制度の確立によって可能になる……。〔近代の……引用者〕王朝国家による租税徴収は臣民全員から直接取り立てるものであって、国王が封建諸侯に賦課し、諸侯は所領内の住民に賦課する封建的な徴収とは異なる。*7

4 領土と国境

暴力の独占にともなう権力関係や富の徴収の一元化は、統合された領土の観念をもたらすだろう。

まず、権力関係の一元化は、それまで多元的な主従関係にしたがいモザイク状になっていたさまざまな封建領地や属州を統合する。そのとき、主権者に直接帰属することになった住民は、その単一化された領土における等質的な集合体をかたちづくる。つまり、一元的な権力関係と住民集合体によって満たされた場として、単一的に統合された領土が浮上してくるのだ。

主権が制定するのは、要するに、個人からなる等質な塊（人民というより人口）と、一定の権力装置の広がりの場たる領土との、相互帰属なのである[*8]。

また、富の徴収の一元化も、統一された領土の形成をうながす。ブルデューはいう。

実際、租税徴収の一般化は、国土の統一、より正確には、現実においても表象においても一つの領土としての国家の建設に貢献したと考えられる。……国家は次第に一つの空間のなかに輪郭を刻み込んでいく。その空間はのちに形成されるナショナルな空間にはまだなっていないが、たとえば貨幣鋳造の独占権を伴う主権の管轄範囲として、また超

*7　ピエール・ブルデュー「国家精神の担い手たち」三浦信孝訳、『環』（vol.5）、藤原書店、一〇三頁。
*8　バリバール「主権論序説――国境、国家、人民（上）」『環』（vol.5）、一八二頁、強調原文。
*9　「国家精神の担い手たち」『環』（vol.5）、一〇四―一〇五頁、強調原文。

越的な象徴的価値の支えとしてすでに姿を現わしていた[*9]。

こうした領土の出現は、近代国家に固有の事態である。それまでは、単一の統合された領土というものは存在しなかった。暴力の独占によってもたらされた効果として、それは歴史のなかに姿をあらわしたのである。

ところで、単一的な領土へと編成された空間は、国境によって他から区切られなくてはならない。というのもその領土は、暴力を独占したひとつの権力によって満たされた排他的な空間であるからだ。主権にとって、領土が複数の権力に帰属しているということはありえない。そうした権力の排他性は、それじたい排他的な線である国境によって可視化されるだろう。国境は、それによって区切られた空間が、その内部で合法的な暴力を行使しうる唯一の権力に帰属していることをしめす。この国境の機能によって、領土は主権にとっての不可欠な構成素となるのである。

ただし、国境の機能はこれだけではない。それは必然的に主権国家間のシステムを現出させる。というのも国境とは、他の主権の領土との境界をあらわすものでもあるからだ。こちらにとっての国境は、あちらにとっての国境でもある。だから、国境が画定されるためには、主権のあいだの相互承認が不可欠となる。その相互承認が主権国家間システムを現出させる。近代的な国際関係の成立である。

主権国家間のシステムができあがると、主権は他の主権からの承認がなければ存在しえなくなる。たとえ暴力を組織化した審級がそこの住民から正統性を付与されていても、他の主権によって承認されなければ、それは主権国家にはなれない。主権の存立には、社会契約だけでは不十分なのだ。

重要なのは、こうした相互承認によって、戦争を遂行しうる主体が限定されるということである。つまり、主権をもつものとして承認された暴力組織のみが戦争遂行のアクターになることができる。逆にいえば、近代の政治システムのなかでは、戦争は、ふたつ以上の主権国家が国境をこえておこなう武力紛争として（のみ）定義されるのだ。ウォーラーステインはいう。

今日われわれが戦争と呼んでいるものは、主権という概念――それは十六世紀になって初めて用いられるようになった近代的概念である――の関数である。主権とは、ひとつひとつの国家が、国家間《インターステイト》システムのなかで、自ら主張し、かつ他国から承認された明確な境界を持ち、その境界の内部においては、当該国の政府が、合法的な実力の行使権

＊10　イマニュエル・ウォーラーステイン「ヘゲモニーの不可能性をめぐって」山下範久訳、『環』(vol.5)、藤原書店、九〇頁。

を独占しているという主張のことである。したがって戦争とは、二つの主権国家間の軍事的な戦闘として定義される。[*10]

これによって、主権国家より下位のレベルにおける武力紛争は戦争の概念から除外される。「主権国家より下位のレベル」とは――主権の単一性が国境によって画定されている以上――「国境の内部」という意味だ。

主権国家の境界の内部においては、どれほどの暴力が生じようとも、それは戦争とは定義されない。したがって、そのような紛争はただちに非合法ということになる(同、九〇頁)。

主権国家以外の暴力組織はもはや戦争の正当な主体となることはできない。そうした集団は犯罪組織やテロ組織としてカテゴライズされることになる。あるいは、たとえそれらの集団が戦争の主体として見なされることになったとしても、その場合にはせいぜい「内戦」として、主権国家内部のゴタゴタとして処理されるだけである。しかし、この内戦という概念ですら、国境の内部に戦争を遂行しうる主体が複数存在することを意味してしまう以上、当該国家の政府はその概念の使用をなかなか認めたがらない。

被抑圧階級を代表するものであれ、被抑圧民族／エスニック集団を代表するものであれ、国家の内部のなんらかの集団が反乱を起こすと、当該国の政府は、そのような集団がテロ組織を構成するものである（したがって、戦争主体としての正当な権利を持たない）と主張するのが通常である。……そのような紛争が長期にわたって継続し、かつ（さらに条件として）外部の諸国がそれぞれの側について支持を示すような場合には、そのような紛争は「内戦」という、もう少し高級な名前が与えられることになる。これは、なんらかのかたちで、紛争を相対的に合法化するものと考えられており、それがゆえに、当該国の政府は、そのような言い方には抵抗を示す（同、九〇―九一頁、強調原文）。

ここにあるのは、暴力の集団的な行使をめぐるエコノミーのおおきな変化だ。主権国家間システムが成立するまえは、あらゆる暴力集団が戦争の主体になりえた。そこでは、私戦と公戦を区別するのは基本的には規模の違いであり、その区別は非合法と合法の区別には重なっていない。主権国家間システムへの移行期に書かれたグロチウスの『戦争と平和の法』（一六二五）が、戦争の範疇から私戦を除外していないのはそのためだ。

しかしいまや、合法的に戦争をなしうるのは、主権を承認された暴力組織だけである。主権の成立をつうじて、暴力への権利は一元化され、暴力そのもののなかに公的な暴力と私的な暴力との区別が導入される。
こうした変化において、国境がはたした役割はおおきい。国境こそが、暴力への権利の一元性を空間的に表象し、内部と外部の区別を暴力の法的なステイタスにむすびつけるからである。

近代世界システムの歴史は、対内的戦争の非合法化を目指す長い道のりであった。それが主権の意味である(同、九一頁)。

5 「大地のノモス」と世界の地図化

主権国家間システムにおいては、暴力への権利の単一性は国境によってさししめされる。つまり、国境によって区画され領土化されることで、はじめて個々の主権は存立することができる。そしてその国境が画定されるのは、暴力を独占した審級のあいだの相互関係をつうじてだ。すなわち、個々の主権はみずからの存立をささえる国境の画定を単独でなすことはできないのであり、その画定は個々の主権をこえた力学に委ねられているのである。
この力学をシュミットは「大地のノモス」と呼んだ。ノモスとはギリシア語で法や規範という意味をもつが、シュミットはそこに、土地を分割し配分する「構成的な秩序行為[*11]」

という意味をあてはめる。つまりそれがさししめすのは、個々の主権に対してさらに法や規範として機能する、国境画定そのものの構成的なはたらきである。

このノモスに対して、個々の主権は従属的な位置にある。というのも、国境が画定されるのは主権国家のあいだの相互的な力関係をつうじてであり、その力関係がおりなす全体的な布置にしたがって、個々の主権はみずからの位置と命運を割りあてられるからだ。主権が具体的に存在しうるのは、そのようにして画定される国境をつうじて暴力への権利が領土化されることによってでしかない。この意味で、ノモスとは、個々の主権をなりたたせるような、さらに上位の主権者であるといえる。とはいえそれは、ノモスが個々の主権に対して超越しているということではない。あくまでも国境は、各主権国家がみずからの暴力を背景にして互いにかかわりあうことによってのみ、画定されるからだ。バリバールはシュミットを論じつつこう述べている。

或る意味で、主権者たるのは、〔各主権国家の：引用者〕位置と運命とを割りふり、割りふりなおす、非人格的なノモスそれ自体であるが、しかし別の面から見れば、ノモス

＊11 カール・シュミット『大地のノモス（上）』新田邦夫訳、福村出版、一九七六年、六二頁。
＊12 「主権論序説——国境、国家、人民（上）」、『環』（vol.5）、一七七頁。

とは国家の相互的な力の行使のこと以外ではなく、まさに国家が、歴史的主体または歴史的個として、制定する権能を握っている。[*12]

留意すべきは、こうしたノモスにもとづく主権国家間のシステムは、当初ヨーロッパにおいてのみ成立したということである。つまりそこでは、ヨーロッパの諸国家のみが「歴史的主体または歴史的個として、制定する権能を握っていた」。主権は、主権をもったもの同士の相互承認によって存立するということはすでに述べた。その相互承認は、各主権国家がたがいを――暴力への権利をもつ主体として――法権利上は対等なものとして認めあうことを意味するだろう。しかしその対等性がおよぶ範囲は、当初、ヨーロッパという限定された地域でしかなかったのである。

その一方で、土地を国境によって区画していく作業は、必然的に世界全体へと広がっていく。というのも、国境の機能とは、排他的に土地を主権へと帰属させることだからだ。国境を一歩でもこえれば、そこはすでに他の主権の領土である。もしそこがどの主権にも属さない土地であるならば、国境はさらに拡張されるだろう。国境の概念は、どの主権にも属さないといった権力の空隙地帯をみとめない。それは、世界中のあらゆる土地を特定の主権に割りふる運動をともなうのである。

こうして、ヨーロッパ列強による世界の区画化がはじまる。じじつ、ヨーロッパの主権国家群は、世界的な力関係の布置のなかで、国境を強引に画定しうるだけの暴力を蓄積していた。主権が認められていない世界中のあらゆる土地は、ヨーロッパ列強によって取得され、分割され、その列強の主権へと帰属させられていく。このときヨーロッパ列強は、世界の植民地獲得競争における対等なプレイヤーとしてたがいを承認しあう（ヨーロッパ内部で主権国家間システムが制度的に安定したのは、こうしたヨーロッパ外での植民地獲得競争をつうじた相互承認のおかげである）。

大地のノモスは、こうして帝国主義による世界の国境画定としてあらわれる。それによって、領土化された主権国家の形態は世界へと輸出され、普遍化され、現在の世界地図の原型がつくられた。

バリバールはこう述べている。

> ノモスとは、その抽象的側面においては、人々の生活と法権利体系とを領土化する原理を言い、「法的原初行為」たる *Landnahmen*〔陸地取得〕——土地の先占、独立国家《シテ》と植民地の建設、征服と同盟、etc.——に具現される。具体的側面においては、十六世紀から二十世紀のあいだになされた地域画定、世界を「地図化する」国境画定にさいしてヨーロッパがもった、或る種の中心性を言う（同、一七六頁、強調原文）。

しかし、主権国家の領土化は、全地球的秩序という枠組みの中でしか可能でない。内容において流動的、形式において恒常的な「均衡」として、陸地全体に課される秩序である。歴史的には（アメリカ大陸征服後から、一八八五年のベルリンにおけるコンゴ会議までのあいだ）、この均衡は二重分割のかたちをとる。個々の列強国の占有が及ぶ大陸と、通行、交易（さらに私掠行為、戦利品獲得）が自由になされる大洋との分割が一つ、もう一つは、条約の〈公法〉が支配するヨーロッパという「中心」地域（やがてここに、他の帝国主義的列強が参入してくる）と、多かれ少なかれ乱暴に進んでいく植民化競争にさらされる「周辺」地域との分割（同、一七七頁、強調原文）。

6　国境と領土による国家の脱人格化

国境によって領土化されることで、国家は、より強固な存在の基盤を手にいれることができる。というのもそこでは、国境で囲まれた領土そのものが国家の存在をあらわすようになるからだ。これは、国家の形態におけるきわめて重要な転換をなす。

その転換の重要性を理解するために、国家の基本構造をふりかえっておこう。国家の存在は、暴力を組織化する運動そのもののなかにある。つまり、よりつよい暴力を組織化した集団が、その暴力にもとづいて人びとを支配し、富を徴収するところに、国家の基本形はみいだされる。そうした基本形をささえるのは人間のあいだの主従関係だ。その主従関係によって、暴力の組織化も、支配も、富の持続的な徴収もなりたつ。

したがって、暴力を組織化した集団がべつの集団によって倒されたり、なんらかの要因で主従関係が解体されたりすると、そこにあった国家は消滅してしまう。そしてあらたに形成される主従関係にもとづいて、べつの国家が打ちたてられる。これは、国家の存在が人間のあいだの具体的な関係によって組みたてられていることからくる、論理的な帰結だ。そこでは、国家の存在は、主従関係の規模や持続とおなじだけの強度しかもっていない。

国境による領土化は、こうした国家の存在を、領土という非人間的なファクターにもとづかせる。そしてそこに、具体的な主従関係をこえた強度をもたらす。それによって国家は、既存の主従関係が崩壊しても、存続しつづけることができるようになるのだ。つまり、国境によって囲まれた領土の形式が変更をうけないかぎり、国家は同一性を保つことができるのである。たとえ内戦によって暴力への権利の単一性がくずれても、あるいは政府の統治が実際には機能しなくなっても、あるいは革命によって支配の集団や原理が根本的にかわったとしても、国家の存在そのものは領土によって保証される。

地図化された主権国家間システムにおいては、国家の存在は〈国境のトポロジー〉とでも言うべきものに依拠することになる。つまり、国境の内部にべつの国境線が引かれないかぎり、国家は——その領土の大きさ、国力、内政状態などにかかわらず——主権の単位としては変更をうけない。国家の存在は、暴力への権利を区画する国境の世界的な網の目のひとつと一致するのである。

こうした転換を国家の脱人格化（dépersonnalisation）と呼ぶことができるだろう。つまりそれをつうじて、国家の存在をささえるものが、人間のあいだの（personnel）主従関係から、非人称的な（impersonnel）領土へと転換されるのである。これによって国家の存在は、変動的で不安定な人間関係から解放され、消滅のリスクを大幅に下げることができる。もはや誰が統治をしても国家は同一のままだ。もちろんそこにおいても、暴力を組織化する運動は、人間のあいだの具体的な権力関係によって担われつづける。しかしそうした人称的な（personnel）運動とはべつに、国家の存在そのものは非人称的で抽象的な次元へと移行するのである。

国家の存在の脱人格化がもたらされたのは、暴力への権利を領土化する国境画定のはたらきによってである。つまりそれは、主権国家間システムの形成――当初それはヨーロッパ公法によって体現された――と切りはなせない。

この点についてシュミットはこう述べている。ヨーロッパ公法という「具体的な秩序を創ったものは……近代の国家概念の明確な形式性格なのであ」り、それは「人格的な忠誠による拘束でもって貫徹される中世の法概念や法状態を、ザッハリッヒで予測可能な規範化を内容にもつ主権的な領域国家の領土的な完結性へと変えたのであった」[*13]。

シュミットによれば、こうした国家の脱人格化が意識的に議論されるようになったのは、ヨーロッパ公法の内部における軍事占領の問題をつうじてであった。つまり、一時的な軍事占領者に対して主権国家の同一性をどのように考えるかという問題である。その問題をつうじて法律家たちは、「国家そのものを国家権力のその時々の所有者から区別し」、「権力保持者の変動の場合における法人としての国家の持続性」という考えを先鋭化した。これによって、「国家は、その時々にになっている国家権力が正統であるか非正統であるか否かの問題から独立なものになる」（同、二七七—二七八頁）。

国家はいったん脱人格化されると、そこでさまざまな政治闘争がくりひろげられる形式的なアリーナへと変容する。つまり国家は、領土によって体現される抽象的な存在になるのであり、さまざまな政治集団は、その国家‐領土的な枠組みのなかで支配や決定をめぐって争うエージェントとして位置づけなおされるのだ。そこでは、たとえ暴力革命が実現したとしても、それによってべつの国家があらたに設立されたことにはならず、ただ、同一の国家における統治機構があらたな政治集団によって掌握されたことになるにすぎない。

こうした国家の形式的抽象性は、いったんできあがると、主権国家間システムがまだ存在していなかった近代以前の国家にも投影されることになるだろう。それによって、国家

＊13　『大地のノモス（上）』二七四頁、強調引用者。

の歴史は、領土化された同一の国家的枠組みのなかでさまざまな集団が時の政府を担ってきた歴史として表象されるようになる。それは、国家の脱人格化をつうじた過去の再構成にほかならない。ここから、国家の連続性という観念にもとづいたナショナルな歴史観も生まれてくるのである。

われわれは、暴力の実践に対して「国境による領土化」がはたした役割をけっして過小評価してはならないだろう。それこそが、暴力の集団的行使をめぐるエコノミーを変容させ、国家そのものを脱人格化したからである。国境で囲まれた現在の主権国家のあり方を「当たり前のこと」のようにみなす思考では、そこで生じた暴力のエコノミーの歴史的変容をとらえることはできない。現在の国家のあり方が思考におよぼす影響力をふりはらうことによってこそ、暴力の歴史を思考する回路はひらかれるのである。

第六章　国民国家の形成とナショナリズム

1　国民国家とナショナリズムの概念的区別

国民国家は、現在の国家の基本的なあり方をなしている。その国家形態が、われわれの国家観に対しておよぼす規定力の大きさについてはすでに見た。われわれはともすると、いまある国民国家の形態を、国家がもともともっていた普遍的なあり方として考えてしまう。

しかし国民国家は、それまでの国家のあり方からみるとかなり特殊な国家形態だ。それは特定の歴史的状況のもとで形成されてきた。

国民国家の成立にはさまざまな要因がからんでいる。それらの要因のなかでも、国家が国境によって領土化されることは、もっとも基本的な前提をなす。国民国家とは、領土内の住民全体が国民へと生成することで国家の主体となるような国家形態である。そうした形態がなりたつためには、まず、国家と住民が単一的な領土に結びつけられていなくてはならない。

とはいえ、国民国家が成立するための要因はこれだけではない。国境による国家の領土化は、その成立プロセスのはじめの一歩をなすにすぎない。

というのも、そこではさらに、単一の領土に結びつけられた住民が、国民へと生成しなくてはならないからである。ジョルジョ・アガンベンがフーコーを論じつつ述べたように、「領土国家」はさらに「人口国家」へと変容しなくてはならないのだ。[*1] ここでいう人口とは、住民全体がかたちづくる同質的な集合体のことである。国民はその人口集合体によって構成される。住民の集合体が国家の根拠となることで、はじめて国家は「国民化」されるのである。

言いかえるなら、主権の確立をつうじて領土内の住民が一元的に主権者（君主）にむすびつけられるだけでは、国民国家の形成にとっては十分ではない。というのもそこでは、住民はたんに服従するだけの臣民として国家に帰属するにすぎないからだ。国民国家が姿をあらわすためには、住民が国民という集合体として国家の主体にならなくてはならない。それによってはじめて国家は、「国民共同体がもつ政治機構」として定立されるのである。

国民国家を思考するうえで注意すべき点をあらかじめ述べておこう。おおくの国民国家重要となるのは、国民国家とナショナリズムを区別することである。

＊1　引用しておこう。「フーコーによれば、一社会の「生物学的近代のとば口」は、単なる生ける身体としての種や個体がその社会の政治的戦略の目標となる点に位置するという。一九七七年以降、コレージュ・ド・フランスでの講義は、「領土国家」から「人口国家」への移行に、またその帰結として、国民の健康と生物学的な生が主権権力の問題としての重要性を途方もなく増大させたところに焦点を合わせるようになった」（アガンベン『ホモ・サケル』高桑和巳訳、以文社、二〇〇三年、一〇頁）。

論やナショナリズム論は、この区別にあまりに無頓着だ。しかし両者は概念上べつのものである。

国民国家とは、国家がとりうるさまざまな形態のひとつである。つまりそれは、暴力の組織化が国民的な単位によって担われることを要請し、支えるような社会編成のあり方にかかわっている。これに対しナショナリズムとは、ひとつの政治的原理であり、また集団的アイデンティティを構成する運動である。

両者の違いをより明確にするために、ナショナリズムについてもう少し説明しておこう。アーネスト・ゲルナーはナショナリズムをつぎのように定義している。

ナショナリズムとは、第一義的には、政治的な単位と民族的な単位とが一致しなければならないと主張する一つの政治的原理である。*2

ゲルナーのこの定義はナショナリズムの定義としてはかなり完成度のたかいものである。しかしひとつだけ補足すべき点がある。つまりそこでは、「政治的な単位」というのが何を指すのかが明確化されていない。「政治的な単位」ということで概念されるべきは、暴力の集団的な実践の単位ということである。じじつ政治的なものの固有性は暴力の実践によって与えられる。これまでみてきたように、その暴力の実践とは、暴力の組織化および、それにもとづいた富の我有化や支配にほかならない。

こうした補足によって、ゲルナーの定義はつぎのように言い換えられる。つまり、ナショナリズムとは、暴力の集団的な実践を民族的な原理にもとづかせようとする政治的主張である、と。

こうした政治的主張は以下の問いを不可避的にともなうだろう。なにが民族的な原理をなすのか、誰がその民族に属するのか。ナショナリズムとはまた、こうした問いに答えようとする運動でもある。

そこで示される民族的な原理にはさまざまなものがあるだろう。言語的・宗教的・人種的……などの原理だ。こうした原理にもとづいて、ナショナリズムは、諸個人が政治的な集団に帰属するあり方を規定する。たとえば、宗教的な原理が民族をくみたてていると考えられるならば、諸個人は信徒というアイデンティティのもとで集団に帰属するものとみなされ、また、その宗教的な原理にしたがって暴力の集団的な行使や統治がなされるべきだと主張される。ナショナリズムがひとつの政治的原理であると同時に、集団的アイデンティティを構成する運動でもあるのは、こうした意味においてである。

＊2 アーネスト・ゲルナー『民族とナショナリズム』加藤節監訳、岩波書店、二〇〇〇年、一頁。

国民国家が成立するためには、領土内の住民が、特定の集団的アイデンティティをつうじて国民へと生成することが必要である。この点で、国民国家の形成にはナショナリズムが不可欠だ。

とはいえナショナリズムは、国民国家が形成されるための単なる動因へと完全に還元されてしまうわけではない。バリバールが言うように、ナショナリズムは国民国家というひとつの社会編成のモードにむすびついているとはいえ、それとは相対的に自律した仕方で、共同体の想像的な構築のシェーマや、集団的アイデンティティの産出のシェーマとなっている。じじつ、ナショナリズムは、現存の国民国家より下位のローカルなレベルでも、また上位のトランスナショナルなレベルでも機能している。[*3] 既存の国民国家を批判するためにナショナリズムが呼び出されることも珍しくない。

集団的アイデンティティが構成される空間は、国家が制度的に編成されていく空間とは別の水準にある。ナショナリズムの分析は、国民国家の編成をめぐる制度的分析とは別に、国民的なアイデンティティをくみたてる同一化のメカニズムにかかわるのでなくてはならない。

ただし注意しよう。ナショナリズムが集団的アイデンティティの構築という想像的なレベルに位置するからといって、想像的なものを廃棄すればナショナリズムを解体できると考えることはできない。これはおおくのナショナリズム批判がおちいりやすい誤りである。

じじつ、ベネディクト・アンダーソンが『想像の共同体』のなかで、国民とは客観的に存在している共同体ではなく想像上の産物であることを示して以来、想像的なものを否定すれば国民を乗りこえられるといった考えが蔓延してきた。

たしかに、ナショナル・アイデンティティを構成し、領土内の住民全体をひとつの国民として同定《アイデンティファイ》するナショナリズムのはたらきは想像的なものである。領土内の多数かつ多様な住民が、会ったこともない他の住民とひとつのおなじ共同体をくみたてるということ自体、想像的なもののはたらきがなければ可能ではない。

しかし、スピノザがわれわれに教えるように、人間のあいだの関係はそもそも身体的であると同時に想像的である。国民的なアイデンティティや共同体だけでなく、あらゆるアイデンティティや共同体がすでに想像的なものなのだ。

その想像的なものによって、自己と他者の関係（および自己の自己への関係）の現実性《リアリティ》は産出される。社会的なリアリティはけっして身体的な行為だけでなりたっているわけではない。たとえば、自分が誰なのかまったく不明なとき、社会的活動の遂行には非常な困難がともなう。いかなるアイデンティティももたずに社会的に行為することはできない。

＊3　Cf. Étienne Balibar, *La crainte des masses. Politique et philosophie avant et après Marx*, Galilée, 1997, p. 356.

要するに、想像的なものを否定すればナショナリズムを解体できると考えることはできない。そうした発想は、想像的なものの向こうに「客観的」な社会関係がありうるという想定のうえになりたっている。そこでは、ナショナルな共同性はそうした社会関係からの逸脱としてとらえられるだろう。しかし、想像的なものを否定したところに客観的な関係があると考えることは、それこそ「想像的な」信憑でしかない。こうした信憑に立脚するかぎり、想像的なものがもつ社会的なロジックや効果を思考することはできないだろう。ナショナリズムに対抗するためには、想像的なものを否定するのではなく、それをべつのあり方へと変えていくことを目指すべきなのである。

2 国家の暴力の「民主化」

国民国家のもっともおおきな特徴は、領土内の住民全体が国家の担い手となるということである。それ以前は、国家を担う暴力集団のメンバーと、かれらによって支配される住民は身分的な差異によって完全に分離されていた。

つまり、国民国家が形成されてきたプロセスとは、国家の暴力が住民のもとへと「民主化」されてきた過程にほかならない。ここでいう「暴力の民主化」とは、国家の暴力の主体が、特定の武力集団から住民全体へと移行するということを意味している。

こうした「民主化」は、まず皆兵制によって具現化されるだろう。それは暴力の組織化の範囲を住民全体へと広げた。それによって住民たちは、ひとつの政治単位のなかに組み込まれていく。

住民全体から徴兵するこうした制度の「内面的な」インフラとなったのが、国語の制定や公教育の実施である。個別具体的な人間関係や生活環境をこえて暴力の組織化がおこなわれるためには、そのメンバーがおなじ言葉をはなし、共通の文化資本をもつことが不可欠だ。そして、国語や公教育の実践をつうじて、住民たちはひとつの文化的共同体に属するものとして承認しあうようになっていく。文化共同体としての国民の原型がこうしてできあがる。

ただし注意すべきだが、こうした国家の暴力の「民主化」は、住民にとって、たんに軍役を強要されるということだけにはとどまらない「ポジティヴ」な効果を伴っていた。住民は、国家の暴力を担うようになるにつれて、しだいに国家の決定に――形式的にせよ――参与しうるような資格をあたえられていく。国家機構の役職が住民に開放されたり、普通選挙制が制定されるのは、こうしたプロセスにおいてである。

このことは、国民国家という形態がなぜ近代の政治システムにおいて普遍的で説得的なモデルたりえたのかという理由を説明してくれるだろう。国民国家はその形成をつうじて、住民たちを文化的に統合していくとともに、身分的な垣根をとりはらうことで形式的にせよ平等主義を実現してきた。それは住民たちに、国家の暴力の実践へと身を投じるよう強要することと引きかえに、政治的なものへの平等なアクセス権を保証したのである。この平等主義が国民国家の普遍性をささえる。国民主義が民主主義の実質的な基礎とみなされる理由もここにある。このとき、国民こそが国家の主体となるべきだと主張するナショナリズムは、ポピュリズム的な仕方であれ平等の観念をひろめる強力なエージェントになるだろう。

ただし、この平等主義はけっして無制約的なものではない。そこには「同じ国民であること」という制約が厳密に立ちはだかっている。住民が国民になるのは特定のアイデンティティをもつことによってである。その特定のアイデンティティをもたない住民は、マイノリティとして、たとえ領土内に住んでいても政治的なものへの平等なアクセス権を保証されない。バリバールがいうように、国民国家における市民権は、国民性や国籍を意味するナショナリティ（仏語では nationalité）と厳密な等式でむすばれる。このことは、国民国家がもっていた普遍への志向が、じつはアイデンティティにもとづいた排除と表裏一体のものであることを示している。[*4]

国家の暴力が「民主化」されることでもたらされる最大の効果とは、国家と住民のあいだから軍事的対立の図式が消えるということである。

国民国家が形成される以前においては、よりつよい暴力を組織化した集団が軍事的に他の住民を支配するというのが国家の基本的なあり方をなしていた。武力による支配が国家の統治のかなめとなっていたのである。したがってそこでは、支配集団のもっている暴力の威力や優位性が住民たちに見せつけられ、証明されなくてはならなかった。とりわけそれは、支配集団の決定や命令に対する背反が生じたときに必要とされた。

四裂きや車責め、鞭打ちといった、見世物的で残酷な身体刑が要請されたのは、こうしたロジックにもとづく。そこでは、あらゆる処罰において、受刑者の身体に支配者のもつ暴力の痕跡が刻まれるよう注意がはらわれ、死刑においても、たんに殺すだけではなく、公開の場で支配者の暴力が受刑者の身体のうえで炸裂するような演出がほどこされた。

こうした刑罰のあり方はたんなる野蛮さや凶暴さのあらわれではなく、当時の軍事的な統治のあり方と密接にむすびついている。フーコーはいう、「身体刑は法律的－政治的な機能をもつ」[*5]と。「身体刑は一つの技術なのであり、それは法律ぬきの極度の凶暴さと同

＊4　ここから、なぜナショナリズムが普遍的人権のような概念に抵抗をしめすのかが理解されるだろう。ナショナリズムが普遍的人権の概念を拒否するのは、その概念がナショナリティと政治的権利のあいだの等式そのものを切り崩してしまうからである。普遍的人権の概念は、国家への帰属や貢献がなくても、そして特定のアイデンティティをもたなくても、あらゆる人びとが等しく権利を享受すべきことを命じてくる。政治的なものを国民的な原理にもとづかせようとするナショナリズムの立場は、こうした権利の無条件性を認めることができない。

＊5　ミシェル・フーコー『監獄の誕生』田村俶訳、五二頁。

視されてはならないのである」(同、三八頁)。

フーコーによれば、見世物的で残酷な身体刑をささえたのは、同害復讐の法ではなく、つぎのような性質をもつ権力である。

> 罪人の身体に直接あからさまに行使されるだけでなく、自らの身体的な示唆によって讃えられ強固にされる権力。武装せる権力だと自任し、その命令機能が軍事機能から完全に切離されているわけではない権力。……こちら側にたいする不服従が一つの敵対行為であり、根本的には内乱と非常に異なってはいない初期段階の謀叛である、とする権力(同、六〇頁、強調引用者)。

身体刑がもつ見世物的で儀式めいた残忍さは、しかし、国家の暴力が「民主化」されるにしたがって姿を消していく。というのもそこでは、支配集団と被支配住民のあいだにあった軍事的な関係が「無化」されていくからである。住民全体が国家の暴力を担うところでは、かれらにその暴力の華々しさを誇示する必要はもうない。身体刑の暴力が、監獄における「穏やかな」刑罰へと不可視化されていくのは、こうした変化をつうじてである。と同時に、国家の暴力装置も、外敵に対する軍隊と、内部の秩序を維持するための警察とに分化していく。

国家の暴力が「民主化」されることで、その暴力は「住民に対して」行使されるものから「住民のために」行使されるものへと変化する。フーコーの表現を借りていうなら、国家の暴力は、支配集団が社会からみずからを防衛するためのものではなくなり、社会そのものを防衛するためのものとなるのだ。[*6]「《社会は防衛しなければならない》」と題された、フーコーの一九七六年講義は、まさにこうした変遷のプロセスをあつかっている。

このことは住民からすれば、国家の暴力に正面から対峙させられる必要がなくなったことを意味するだろう。つまり住民たちは、潜在的にせよ国家の暴力の担い手となることで、国家の暴力に対する全面的な服従か、死をかけた反抗か、という二択状態から脱出するのだ。これによって、国民となった住民は、もはや受動的な被支配者であることをやめ、国家の暴力が追求するセキュリティを自らのものとして「当てにする」ことができるようになるのである。

ナショナリズムが民衆の側から希求され、支持される理由がここにある。ナショナリズムの浸透力や生命力をうみだすモーターとなっているのは、「国家の暴力は住民のためのものである（べきだ）」という主張にほかならない。

＊6　Cf. Michel Foucault, *«Il faut défendre la société» Cours au Collège de France. 1976*, Seuil-Gallimard, 1997, p. 53（『社会は防衛しなければならない』石田・小野訳、筑摩書房、六三―六四頁）.

ナショナリズムはこの点で両義的である。というのもそれは、国家の暴力を「住民のためのもの」として支持する反面、「国家の暴力は住民を守るための公共的なものであるべきだ」「特定の階級や集団のために国家の暴力がもちいられてはならない」といった規範をかかげることで、国家の暴力をある程度コントロールする可能性をも開くからである。ナショナリズムが、国家主義と国民主義という両方の傾向をもつのはこのためだ。その両義的な規範性によって、ナショナリズムはみずからを倫理的なものとして差し出すことができるのである。

ヘーゲルは、国家の法が共同体的な規範として実現されることのなかに人倫(*Sittlichkeit*)の完成態をみた。つまり、国家の暴力が共同体的に規範化されるという事態がヘーゲルのいう人倫の内実をなす。こうした観点にたつならば、住民全体によってつくられる国民共同体へと国家の暴力がもとづくことになる国民国家の形態は、倫理的にかなり完成されたものだということになるだろう。じじつ、国民国家を哲学的な仕方で倫理的に価値づけようとするならば、こうしたヘーゲルの発想に(たとえ無自覚的にせよ)依拠するほかない。和辻哲郎の倫理学はそうした例のひとつである。

たしかに、国家が国民化されていく過程とは、国家と住民のあいだの軍事的な関係が「無化」されていくプロセスである。これによって、統治のためにむきだしの暴力がもちいられる契機はちいさくなり、その暴力は社会的な正義という性格を強めていく。国民国家とは、住民全体の共同性によって国家の暴力が規範化されるような国家形態なのである。

とはいえこのことは、国家の暴力が倫理的に完成することをけっして意味しない。というのも、国民国家の暴力が倫理的なものとしてあらわれるのは、あくまでも国民共同体がもつ規範をうけいれることができるものにとってのみだからである。だからこそ、ナショナリズムが国家の暴力を肯定するとき、そこには共同体的な規範にしたがえという命令がともなうのである。その規範をうけいれることができないものにとっては、国民国家の暴力もまた社会のなかで生起するさまざまな暴力のひとつにすぎない。

国家の暴力が国民共同体によって規範化されることは、その暴力が集団的な独善性とファナティシズムにおちいることとつねに隣合せである。国民共同体の内部では、たしかに国家の暴力は「穏やか」で「道徳的な」ものとなっていく。しかしその反面、共同体の規範の外にいるものに対しては容赦ないものとなり、それがもたらす惨禍も甚大なものとなる。

忘れてはならないのは、国民国家においても、国家にとっての治安と住民にとっての安全はけっして一致しないということだ。暴力の格差や非対称性こそが国家の成立根拠である以上、治安と安全のあいだの不一致はいかなる国家形態においても消えることはない。両者の一致をかかげるナショナリズムの夢は、あくまでも夢でしかないのである。

3　神学的・経済的なものと国家のヘゲモニー

国民国家は、住民たちを国家の暴力の担い手として動員することをつうじて形成されてきた。

それをもたらしたのは、銃器の発明にはじまる軍事テクノロジーの発達である。それは住民からますます多くの兵力が主権のもとに動員されることを要請した。皆兵制がつよい軍隊をつくるための条件となっていく。国民国家の形態は、まずは、より強大な暴力を組織化するための規模の問題としてあらわれたのである。

この点で、国民国家の形成過程とは、国家の主権を住民の集合体にもとづかせながら強化していくプロセスであるといえるだろう。しかし住民たちを国家の暴力の実践へと動員するためには、かれらをそのように動機づけることが必要となる。つまり、国家の主権のために戦い、場合によっては死ななくてはならないということを住民たちに受け入れさせなくてはならないのである。

この動機づけは二つのレベルでなされるだろう。

まずは道徳的なレベルで。

この場合、国家に従い、国家のために生命を危険にさらすことが究極的な善となるということが住民に示されなくてはならない。しかしそのためには、国家が住民にとっての道徳的な価値源泉となることが必要となる。つまり、国家そのものが住民の生命を捧げるに値するものとならなくてはならない。このことはどのようにして可能となるのか。それは、国家が住民たちの生と死を意味づけ、価値づけるような審級になることによってである。こうした価値づけの機能は、一般に宗教によって担われている。すなわち、主権国家は政治的なものが神学的なものから自律化することで成立したが、住民をみずからのもとに動員するために、その主権は、宗教的なものを再導入しなくてはならないのだ。

つぎに経済的なレベルで。

人びとは、みずからの生活をささえている共同体を守るためにたたかうことに対しては動機づけられやすい。家族や農村共同体、職能集団といったものは、歴史的には諸個人の生活を保障する生存共同体であると同時に、かれらに対して、団結してそれを守るよう命じるような審級でもあった。主権国家もまた、住民たちを動員するために、こうしたロジックを援用する。つまり国家はこのとき、住民全体を包摂するような生存共同体へとみずからの内部を編成することになるのだ。生存共同体とは生活のための営みがなされる経済的な単位にほかならない。その単位をみずから担うことで、国家は、国家自身を防衛するよう住民たちを動機づけるのである。

こうした点について、バリバールは次のように述べている。

あるいは、こう言いかえてもいい。一つは主権、もう一つは政治的なものの自律性という二つの概念が……歴史的に一つに重なり合っていく、そのかぎりでは、主権は、実質的に、二重の優位に正確に対応していくことになるだろう、と。神学的なものにたいする政治的なものの優位（したがって、教会とそれが格別に好む「対象」――生殖と死、結婚、教育、など――にたいする国家の優位）、および、経済的なもの（爾後の用語法で言えば、「社会 - 経済的」なもの）にたいする政治的なものの優位である。[*7]

バリバールによれば、政治的なもののこうした優位性は、神学的なものと経済的なものが担ってきた役割を主権国家がみずから担うことによってのみ確立される。「政治的なものの自律性は、政治外的な諸領域からの単なる分離としてではなく、国家によるそれらの領域の政治化としてしか存在しえない」（同、一八五頁）。

つまり、主権国家は、住民をみずからのもとに動員するために、かれらに対して神学的・経済的なヘゲモニーを確立しなくてはならないが、それが可能となるのは、主権国家がそれらの領域をみずからのもとに取り込んでいく限りによってなのである。そのプロセスをつうじて、国家は国民的な形態になっていく。

国家はまず、神学的なものが果たしてきた役割をみずから担うことで、精神的・道徳的なヘゲモニーを住民に対して確立しようとする。しかし、人工物でしかない国家はいかにして、住民の生と死を価値づけるような道徳性を手に入れることができるのか。それは、歴史をこえて存続してきた「民族」という表象のもとでみずからを根拠づけることによってである。この民族は、住民の集合体の、歴史をこえた存在をあらわすとされることで、個々の住民の生と死を包摂しうるような永遠性と理念性をもつ。国家は、こうした民族がもつ政治機構としてみずからを再定義することで、住民にとっての精神的な価値の源泉となることができるのだ。

こうした「民族」を哲学的に概念化したのは、いうまでもなくフィヒテである。『ドイツ国民に告ぐ』のなかでフィヒテはつぎのように述べている。

民族と祖国とは地上の永遠を担うもの、また保証するもの、すなわち現世にあって永遠たり得るものという意味に於いては、普通にいう意味の国家を――単なる明瞭なる概念に依って捕捉せられ且つこの概念の力に依って作られ且つ維持されている社会的秩序を、遥かに凌駕している。*8

*7 エチエンヌ・バリバール「主権論序説――国境、国家、人民(上)」、『環』(vol.5)、藤原書店、一八四―一八五頁、強調原文。
*8 フィヒテ『ドイツ国民に告ぐ(改訂版)』大津康訳、岩波文庫、一九四〇年改版、一七八頁。

この世ながらにこの世の生活を超えて永生を得る約束――祖国のために死を辞せざるの感激を与えるものはこの約束のみである（同、一八二頁）。

フィヒテのこうした民族概念は、国家がどのように住民に対して精神的なヘゲモニーを確立してきたのかを理解させてくれる。つまり国家は、民族がもつ超歴史的な価値を防衛し、後世につたえるという目的のもとで、住民をみずからの暴力の実践へと動員していくのだ。フィヒテはいう、「この高き目的のためにのみ、然りただその目的のためにのみ、国家は兵力を蓄えるのである」（同、一八〇頁）。神学に対する政治的なものの自律化（つまり世俗化）によって成立したはずの近代主権国家が、逆説的にもナショナル・テオクラシー（国民神学政治）というべき要素をもつことになる理由がここにある。シュミットはこう述べている。

現代国家理論の重要概念は、すべて世俗化された神学概念である。[*9]

シュミットはこの言葉を国民国家について発したわけではない。しかしそれは、国民国家が「世俗化された神学」のうえで形成されてきたという逆説をよくあらわしている。主権国家は、みずからの世俗性のもとで神学的なものを横領することによって、しだいにナショナルな形態へと生成していくのだ。

同じことは、経済的な領域についてもいえるだろう。たとえば、国民国家においては、国家を家族になぞらえる家族国家観がしばしば提示される。それはまさに、国家が生存のための経済的な単位のひとつを政治化し、横領した姿にほかならない。

家族とは、血縁的な関係にもとづいて、生存のためのさまざまな営みが共同体的になされる場である。諸個人はそこに帰属することで生存を保護されるかわりに、その家族という単位を守るために生きることを要求される（近代以前の社会ではとりわけ「家を守る」ということが重要な人生の課題とされていたように。近代的な「家族」とそれ以前の「家」との区別はここでは問わない）。諸個人からすれば、みずからの生存を保護してくれる単位のために生きることは自明の規範となる。

家族国家観とは、こうした個別具体的な生存共同体をこえて、国家が住民たちをみずからのもとに動員するためのひとつの枠組みである。その動員は、家族などの生存共同体から見れば、みずからを支える重要な働き手を失うことにつながるだろう。とうぜん反発や抵抗がおこる。これに対処するために主権国家は、国家そのものが住民全体にとっての生

＊9　カール・シュミット『政治神学』田中・原田訳、未來社、一九七一年、四九頁、強調引用者。

存共同体であるというヴィジョンをしめさなくてはならない。*10

ここにあるのは、住民の生活が営まれる経済的な領域にたいして政治的なものがヘゲモニーを確立していくプロセスである。その確立のために、主権国家は、住民たちの生存の場に介入し、それをみずからのもとに取り込まなくてはならない。それが国家を国民共同体化していく。

もちろんそこでは、住民の生存を保全するような政策を国家はじっさいにとらなくてはならない。言いかえるなら、家族や農村共同体のような生存単位がそれまで担っていたような相互扶助を、国家は肩代わりしていくことを要求される。国民の観念のなかに相互扶助的な連帯のコノテーションが含まれるのはこのためだ。国家に帰属することで生存を共同体的に保障されるという図式が国民国家の基礎にある。

じっさいには、生存共同体としての国民は、資本主義の発達によって具体化されてきた。というのも、その発達をつうじて、国家の領土の内部は統合された資本主義的な空間へとつくりかえられるからである。「資本主義的な空間」とは、資本がさまざまな障壁によってさえぎられることなく循環し、その循環運動のまわりで住民が等質的な労働力として自由に移動するような空間のことである。その空間が、統合された経済単位として、国家の内部を生存共同体にするのである（国民経済といわれるものがこうしてできあがる）。

国民はこのとき、領土内の資本主義空間を等質的な労働力として自由に移動する住民によって実質化される。ドゥルーズ＝ガタリがいうように、国民とは、「そこで労働と資本が自由に循環している生産者集団、つまり資本の等質性と競争が原則的に外部からの障害なしに実現されている生産者集団」にほかならない。[*11]

ゲルナーもまた、ネーションの起源を社会の産業化のなかにみた。国民形態の成立は、資本主義の発達と切りはなせない。[*12]

ただし、住民を古い生存共同体から引きはなし、資本主義的な生産関係へと組みこむことは、さまざまな問題をひきおこす。貧困、ゲットー化、農村と都市の格差などの問題で

＊10　したがって、家族的な共同性を国家主義につらなるイデオロギーとして批判することは、じつはそれほど正しくない。家族は国家にはじめから包摂されていたわけではないからだ。アンチゴネーの物語がしめすように、国家と家族はつねに対立し、矛盾する可能性にある。家族を国家の下位概念とみなすこと自体、じつはナショナルな発想に依拠しているのである。

＊11　ドゥルーズ＝ガタリ『千のプラトー』宇野他訳、河出書房新社、五一〇頁。

＊12　ドゥルーズ＝ガタリによれば、国家の戦争を総力戦にしたのは資本主義の発達である。総力戦とは、住民全体を戦争遂行の主体として動員するという点で、まさに国民国家の理念型をなす。「ところで、国家の戦争を総力戦にする要因は資本主義に――すなわち戦争にかかわる資材、産業、経済に投資される固定資本と、（戦争を実行すると同時にそれを甘受する）肉体的かつ精神的な人口として投資される可変資本に、密接に結びついている。実際、総力戦はただの撃滅戦ではなく、撃滅の「中心」がもはや敵軍や敵の国家だけでなく敵国の人口全体とその経済になったときに初めて出現するものなのだ」（同、四七六頁）。

ある。これらの問題は「労働力のプロレタリア化[*13]」をその根にもっており、したがって階級闘争をいわば必然化するだろう。それは主権を分解させかねない。

主権国家はしたがって、みずからが崩壊してしまうまえに、これらの問題を解決しなくてはならない。しかしどのようにしてか。それは、経済的な領域に介入し、住民たちの生存の条件をととのえることによってである。雇用の調整、出生や労働力の再生産をになう家庭生活の保護、公衆衛生の保全、健康の管理、住居環境の整備、公教育や職能訓練の実施……。

住民の生存条件をととのえることで、国家はみずからを破壊しかねないさまざまなコンフリクトを乗りこえてきた。それをつうじて、住民の生存はますます国家に依存することになり、また、国家のほうは住民の生存領域におけるヘゲモニーをより強固にしていく。バリバールらが国民国家を「社会‐国民国家」とよぶのは、こうした介入的な社会政策をつうじて国民国家が形成されてきたからである。国民形態は、「国家の社会化[*14]」と切りはなせない。その社会化は、一方では――国家がさまざまなコンフリクトに対処せざるをえなかったという意味で――「妥協」であるが、他方では国民的な国家形態の「強さ」を支えるものでもあるのだ。

国家が国民的な形態へと生成してきたのは、その内部が資本主義的な空間に編成されたからだけではない。さらに国家が、社会空間の資本主義化そのものがもたらす諸矛盾を

——他の社会領域にたいする国家のヘゲモニーを逆に強化するような仕方で——「解決」してきたからでもある。

バリバールが述べるように、国民国家という固定した形態が存在するのではなく、あるのはただ国民共同体の絶えざる再生産のプロセス、あるいは社会の絶えざる国民化のプロセスである。[*15] 言いかえるなら、国民という形態は歴史的なものであるが、同時にそれ自体ひとつの歴史をもっている（cf. *ibid.*, p. 367）。

国家は、特定の歴史的状況のなかでさまざまな出来事やコンフリクトに対処するなかで、徐々に国民的な形態になってきた。国民国家を完成された不動の国家形態とみなすことはやめなくてはならない。ひとつのおなじ国民国家でも、その時々の歴史的状況に応じてその編成のあり方は異なる。国民国家は、暴力の組織化をめぐるながい歴史のなかで形成されてきたと同時に、その歴史をつうじてつねに変容の途上にあるのである。

＊13 É. Balibar, «La forme nation: histoire et idéologie», É. Balibar ; I. Wallerstein, *Race, nation, classe. Les identités ambiguës*, La Découverte (Poche), 1988, 1997, p. 120.
＊14 「主権論序説——国境、国家、人民（下）」、『環』（vol.6）、二〇〇一年、二七四—二七五頁。
＊15 Cf. Balibar, *La crainte des masses. Politique et philosophie avant et après Marx*, p. 361.

4　権力関係の脱人格化

国民国家の形成は、領土内の住民を、国家の暴力をになう兵力として、また資本主義経済における労働力として動員することと切りはなせない。

したがってそこでは、住民たちを「使える」労働者や兵士へと育成し、かれらの有用性を高めるような権力テクノロジーが不可欠となる。フーコーはそうした権力テクノロジーを規律・訓練（discipline）とよんだ。

規律・訓練とは、人びとの身体を規律化しながら、その有用性を増大させるようなさまざまな実践のことである。たとえば工場では、生産性をできるだけ高めることが課題とされる。その課題のためには、労働者を管理し、訓練しなくてはならない。そこでもちいられるさまざまな実践が規律的な権力テクノロジーをくみたてる。

まずは監視体制の確立である。それは、労働者がマジメに働いているかを監視するためだけでなく、つねに監視されているという自己意識をかれらに植えつけるためにも必要となる。またその監視体制は、労働者の質や適性をしらべるためにも役立つだろう。その場合には、労働者の質や適性を測定するための評価システムがつくられることになる。監視される個々の労働者は、その評価システムにしたがって観察され、分類され、規格化される。さらには、どのように身体を動かせば作業が能率的になるか、どのような時間配分にすれば時間を有効に活用できるかといったことも問題になってくる。労働者は、そこで示された身体の動かし方や時間配分を身につけられるよう、とことん指導される。こうした規律・訓練の実践は、もちろん工場だけでもちいられるのではない。学校や病院、軍隊、監獄などのさまざまな場所でもちいられる。注意すべきは、規律・訓練の権力テクノロジーは、たんに身体の有用性や生産性を高める働きだけでなく、身体を従順にし、そこから服従を引き出しやすくする働きも持っているということである。

規律・訓練は（効用という経済的関係での）身体の力を増加し、（服従という政治的関係での）この同じ力を減少する。一言でいうならば、規律・訓練は身体の力を解離させるのであって、一面では、その力を《素質》、《能力》に化して、それらを増大しようと努める、が他方では、《体力》ならびにそれから結果しうる《強さ》を反転させて、それらを厳しい服従関係に化すのである。[*16]

国民国家の形成において、こうした規律・訓練がはたした役割は本質的である。それは住民全体を兵力‐労働力として徴用しながら、あらたな服従関係へと組み込むのである。

＊16　『監獄の誕生』一四三―一四四頁。

重要なのは、この規律・訓練が、住民全体から広範に人びとが動員されるという状況に対応した権力テクノロジーだということだ。つまり、多数者を動員することにともなう政治的なリスク——暴動・反抗・無秩序など——を減らすような機能を、規律権力はそなえている。

規律・訓練をもってすれば、群集のさまざまの現象に含まれる《効用の減少》を減少できる。……さらにまた規律・訓練は、組織化された多様性の構成そのものをもとに形成される、すべての力を統御しなければならない。その多様性から生じる反権力的な諸諸結果を、しかもその多様性を支配したいと望む権力へ抵抗する反権力的な諸結果——暴動、叛乱、自然発生的な組織づくり、共同謀議——を、つまり水平的な結合に属しうるすべての事柄を解消しなければならない（同、二一九—二二〇頁）。

規律権力は、住民の多数性や多様性にふくまれている破壊的な力を飼いならし、それを集団的な有用性へとつくりかえる。いいかえるなら、規律権力の浸透によって、住民たちの行為の計算可能性は高まり、かれらの振る舞いから粗暴さが消えていく。これによって、暴力の組織化をより広範な住民の集合によっておこなうことが可能となるのだ。

ここで重要な変化があらわれる。じつは、国民国家の形成において規律権力がはたす役割は、動員された住民を従順で生産的な身体にするということだけにはとどまらない。さらにそれは、主権国家内部の権力関係を脱人格化する。この脱人格化は、国民的な国家形態の成立にとって決定的なモメントとなるだろう。

われわれは前章で、国家の脱人格化について考察してきた。つまり、国境によって領土化されることで、国家の存在そのものが脱人格化される。しかしこれだけでは、国民国家は成立しない。というのも、領土化された主権国家の内部では、いまだ支配関係は軍事的なものにとどまるからだ。国民形態がもたらされるためには、その軍事的な関係が「無化」され、国家の暴力そのものが「民主化」されなくてはならない。

それを可能にするのが、規律・訓練による権力関係の脱人格化である。ここでいう権力関係とは、第二章で確認したように、暴力の組織化をささえる実践上のメカニズムのことである。

もともと主権国家をなりたたせていたのは、主権者である君主の人格にもとづいた暴力の組織化である。君主はその組織化された暴力を背景に住民たちを軍事的に統治する。人格的な権力源泉に依拠しているかぎり、暴力の組織化は社会全体によって担われることはない。

暴力の実践におけるこうした人格的な性格は、法に対する背反が生じたときに明確にあらわれる。法とは、暴力の組織化をささえる君主の人格の意志であり、法に対する違反とは、その人格に対する攻撃にほかならない。フーコーによれば、当時の処罰のロジックはつぎのようなものであった。

すなわち、法を侵すことで犯罪者は君主の人格そのものを傷つけたわけであり、その人格こそが……被処刑者の身体につかみかかって、烙印を押しつけ、打負かし、痛めつけたその身体を見せつけるのである（同、五二頁）。

つまりそこでは、法律違反そのものがすでに君主の人格に対する敵対行為となる。ならば、君主自身に対する殺害は、その敵対行為の最高形態となるだろう。

ところが他方、まことの国王殺害者こそはまさしく絶対的かつ完全な犯罪者《クリミネル》にほかならない、なぜならば、どんな非行者《デランカン》でも統治権力の特定の決定ないし意志を攻撃しているわけだが、そうするかわりに国王殺害者は、君主の身体的な人格において統治権力の根本を攻撃しているからである（同、五七頁）。

君主とは、国家暴力の組織化がそれを中心としてなされる人格であり、まさに「統治権力の根本」をなしている。その人格が倒されれば、国家暴力の組織化そのものが崩壊しかねない。見世物的で残酷な身体刑が要請される理由がここにある。権力源泉としての君主がもつ力は、司法の場をつうじて過剰に演出されなくてはならない。

したがってこの刑罰の典礼のなかには、権力への、それの本質的な優越性への誇張された肯定が存在する必要があるのだ。しかもその優越性たるや、単に法のそれにとどまらない。さらに、敵対者の身体に襲いかかりそれを支配する君主の物理的な力の優越性でもある（同、五二頁）。

こうした司法の実践をつうじて、支配の軍事的な性格が明確にあらわれる。

ところで、配慮の行届いたこの儀式は、きわめて明瞭なやり方によって、司法的であるのみならず軍事的である。国王の司法は、武装された司法として姿を表わすのである。罪人を罰する剣は、敵をたおす剣でもあるのだ。一つの軍事的な装置全体が身体刑を取りまいている（同、五三頁）。

こうした軍事的な関係のもとでは、住民たちはけっして国家の暴力をみずからのためのものとは思わないだろう。住民たちを黙らせるためになされる身体刑の儀式が、にもかかわらず民衆暴動の危険とつねに隣りあわせだったことを指摘しながら、フーコーはこう明言している。

だがとりわけ――こうした不都合な事態が政治上の危険となるのはこの点でなのだが――、嫌悪すべき犯罪と不敗無敵の権力を明示するはずであった処刑の祭式の場合以上に、民衆は自分たちが、刑罰を受ける人々と近しいのを感じたことは絶対になかったのであり、また自分たちが彼ら同様、均衡も節度ももたぬ法権力によっておびやかされているのを感じたことは絶対になかったのだ（同、六五頁）。

住民が国家の暴力をみずからのためのものとして受け入れるような国家形態が成立するためには、暴力を組織化するロジックが脱人格化されなくてはならない。その脱人格化は、規律・訓練の権力テクノロジーをつうじてなされる。規律・訓練とは「匿名の権力」であるとフーコーはいう（同、一八二頁）。

規律・訓練による権力関係の脱人格化は、犯罪者を処罰するためにあらたに導入された一望監視装置（パノプチコン）によって体現されるだろう。一望監視装置とは、中央の監視塔のまわりに独房が配置されるという構造をもった建築物のことであり、監獄をはじめとして、監視が必要とされるさまざまな場所に取り入れられた。この装置の特徴は、中央の塔から監視する者が、独房に拘留された者から見られることなく彼らを監視することができる、という点にある。こうした構造的特徴によって、その建築装置は「権力の行使者とは独立した或る権力関係を創出し維持する」ことができるのだ(同、二〇三頁)。フーコーは一望監視装置についてこう述べている。

これは重要な装置だ。なぜならそれは権力を自動的なものにし、権力を没個人化するからである。その権力の本源は、或る人格のなかには存せず、身体・表面・光・視線などの慎重な配置のなかに、そして個々人が掌握される関係をその内的機構が生み出すそうした仕掛のなかに存している。過剰権力が統治者において明示される場合の、儀式や祭式や標識は無用となる。不均斉と不均衡と差異を確実にもたらす一つの仕組みがこうして存在するわけで、したがって誰が権力を行使するかは重要ではない。偶然に採用された者でもかまわぬくらいの、なんらかの個人がこの機械装置を働かすことができる(同、二〇四頁)。

重要なのは、こうした「匿名の権力」が導入されていったのは、特定の人格にもとづいた暴力の組織化がもつ脆弱さを克服するためであったということである。ちょうど、国境をつうじた脱人格化によって国家の存在が抽象化され、強化されたように、規律・訓練による権力関係の脱人格化は、暴力の組織化そのものを抽象化し強化するのである。特定の人格にもとづいた暴力の組織化は、みずからを維持するために、その人格に権力を過度に集中させなくてはならない。と同時に、その人格的な求心力が途絶えるところでは権力の空隙が生まれざるをえない。これによって権力のエコノミーにおける無駄と非効率が生じる。権力の過剰な集中と機能不全が相関するのである。

さて、権力のこの機能不全は、極端な権力集中に関与しているのであって、つまりこの権力集中は、君主制の《超権力》と名付けてもよく、処罰権を、統治者の個人権力と同一化させるのである（同、八三頁）。

君主政体という形式は、君主の側には、華々しい、無制限な、個人的な、変則的で不連続的な権力を過度に与えていた一方で、臣下の側には、恒常的な違法行為を許容する余地を残しておいたのであって、この違法行為がこの型の権力の、いわば相関的なものになっていた（同、九〇頁）。

規律・訓練の権力テクノロジーは、まさにこうした人格的な権力関係の弱点をうめるために発案され、実施されてきた。「無駄と過剰さを生み出した例の経済策に替わって、連続性と恒久性が生まれる経済策が用いられるような、処罰の戦略ならびに技術を規定する必要性が力説される」（同、九〇頁）。

懲罰権の新しい《経済策》を確立すること、懲罰権のより良い配分を確保すること、懲罰権が特権的ないくつかの地点に過度に集中したりも、相対立する裁判審級のあいだに過度に分割されたりもしないようにすること、したがって、懲罰権が、いたる所で連続的に、しかも社会体の最小単位にまで行使されうるような、同質的な回路のなかに、懲罰権が割当てられるようにすること……（同、八三―八四頁）。

規律的な権力テクノロジーがもつこうした特徴は、暴力の組織化のあり方にたいして二つの効果をもたらすだろう。

まずそれは、社会全体をひとつの同質的な権力空間へとつくりかえることで、権力の空隙をうめるような全体性と連続性を暴力の組織化にあたえる。

つぎにそれは、権力源泉としての人格に依存することなく暴力の組織化が安定的に持続することを可能にする。つまり、特定の人格の消滅によって暴力の組織化が崩壊したり、その後の権力争いによってそれが分裂したりするリスクを大幅に下げるのである。

これら二つの効果によって、国家暴力の組織化は、社会全体に張りめぐらされた同質的な権力装置によって持続的になされるようになっていく。住民全体がひとつの連続体として暴力の組織化を担うような国家形態がこうして出現するのだ。[*17]

フーコーの規律権力の概念を、たんに従順で有用な身体をつくるという働きにおいてのみとらえることはできない（そうした解釈が支配的だが）。さらにそれは、暴力の組織化のあり方を変更するような働きにおいてもとらえられなくてはならない。フーコーの権力論は、暴力のレジームがどのように歴史的に変容してきたかという問いと切りはなせないのである。

5　主権的権力と生-権力の結びつき

ところで、国民国家の形成には、規律・訓練とは区別されるもうひとつの権力実践がかかわっている。先にみたように、国家は、住民全体の生存条件をととのえることで国民的な形態になってきた。住民たちの生が営まれる領域を管理し、調整するような統治の実践と、国民国家は切りはなせない。

フーコーはそうした権力実践を「人口の生-政治学」とよんだ。ここでいわれる「人口」とは、住民全体がかたちづくる集合体のことだ。その集合体においてあらわれるさまざまな現象――出生率や死亡率、公衆衛生、健康の状態、寿命、住居、人口移動など――

が、この権力実践の介入の対象となる。

国民国家の成立において、規律・訓練と人口の生-政治学というふたつの権力テクノロジーは本質的な役割をはたしている。フーコーはこのふたつをまとめて「生-権力」とよぶ。両者とも人間の「生」に対して働きかける権力だからだ。フーコーは生-権力をこう説明している。

具体的には、生に対するこの権力は、十七世紀以来二つの主要な形態において発達してきた。その二つは相容れないものではなく、むしろ、中間項をなす関係の束によって結ばれた発展の二つの極を構成している。その極の一つは、最初に形成されたと思われるものだが、機械としての身体に中心を定めていた。身体の調教、身体の適性の増大、身体の力の強奪、身体の有用性と従順さとの並行的増強、効果的で経済的な管理システムへの身体の組み込み、こういったすべてを保証したのは、規律(disciplines)を特徴づけている権力の手続き、すなわち人間の身体の解剖-政治学であった。第二の極は、

＊17　このことは、君主制を採用している国民国家にもあてはまる。というのも、そこでの君主の役割は、人格的な権力源泉として暴力を組織化することにあるというよりは、むしろ人格のレベルで国家を——対外的または象徴的に——表現することにあるからである。ヘーゲルが君主制を支持したのは、まさにこうした役割にもとづいてである。

や遅れて、十八世紀中葉に形成されたが、種である身体、生物の力学に貫かれ、生物学的プロセスの支えとなる身体というものに中心を据えている。繁殖や誕生、死亡率、健康の水準、寿命、長寿、そしてそれらを変化させるすべての条件がそれだ。それらを引き受けたのは、一連の介入と、調整する管理であり、すなわち人口の生‐政治学(bio-politique de la population)である。身体に関わる規律と人口の調整とは、生に対する権力の組織化が展開する二つの極である。*18

国民国家とは、暴力の実践が住民全体によって支えられるような国家形態である。つまりそこでは、国家の主権は、住民全体の生の増強をもってみずからの力能を高める。生‐権力はこのとき、主権国家がもちいるべき権力テクノロジーとなるだろう。国民国家は、主権の内部が生‐権力によって満たされることで出現するのである。*19

ここで問題となるのが、主権をつうじて行使される権力と生‐権力との結びつきだ。というのも、フーコーによれば、これら二つの権力はたがいに異なる作動ロジックをもつからである。

主権的な権力を特徴づけるのは「死なせるか、それとも生きるままにしておくかの権利」である。

主権者＝君主はそこでは生に対するその権利を、ただ殺す権利を機能させることによって行使するか、あるいはそれを控えるかである。彼は生に対する彼の権力を、彼が要求し得る死によってのみ明らかにする。「生と死の」という形で表わされている権利は、実は死なせるか、それとも生きるままにしておくかの権利である。結局のところ、それは剣によって象徴される。そしておそらくは、このような法的形態を歴史的な社会の一典型へと関係づけてみなければならないのだ、すなわち、権力が本質的に、徴収の機関、窃取のメカニズム、富の分け前を専有する権利、臣下から生産物と財産と奉仕と労働と血を強奪するという形で行使される社会である（同、一七二頁、強調原文）。

暴力への権利のうえになりたっている主権的権力にとっては、住民の生などは元来どう

＊18　ミシェル・フーコー『知への意志』渡辺守章訳、新潮社、一九八六年、一七六頁。

＊19　さきに見たように、国民国家の形成は、国家の内部が資本主義的な空間へと編成されることと切りはなせない。その資本主義の発達において、生－権力は不可欠な働きをなした。フーコーはいう。
「このような〈生－権力〉は、疑う余地もなく、資本主義の発達に不可欠の要因であった。資本主義が保証されてきたのは、ただ、生産機関へと身体を管理された形で組み込むという代価を払ってのみ、そして人口現象を経済的プロセスにはめ込むという代償によってのみなのであった」（同、一七八頁）。

でもよかった。主権者＝君主が設定する秩序が脅かされずに、そして必要な富が徴収されさえすれば、この権力は住民たちをまさに「生きるままにしておいた」。そこでは権力の実践と住民の生活は大きく乖離していたわけだ。主権者への敵対や背反があったときに「彼が要求し得る死によってのみ」発揮されるのである。

これに対し、生‐権力の特徴は「生きさせるか死の中へ廃棄する」（同、一七五頁、強調原文）という点にある。つまりその権力は、死を要求することをつうじて発揮されるのではなく、住民の身体や生命、人口といった〈生〉を対象とし、その生の増強をめざして発揮される。生‐権力とは「生を引き受けることを務めとした権力」であり、死ではなく「生に中心を置いた権力テクノロジー」なのである（同、一八二頁）。

主権的権力は「死なせる」権力であり、生‐権力は「生きさせる」権力である。両者は正反対の作動ロジックをもつ。では、この二つの権力はどのように結びつくのだろうか。

これまで見てきたように、主権的権力がみずからの暴力を強化するために生‐権力をもちいるという点は理解しやすい。生‐権力は、その暴力を担う人びとの有用性や集団的力能を高めてくれるからだ。しかしこれとは逆に、生‐権力が主権的な「殺す権利」をみずからの作動のためにもちいるというのはどのような事態なのか。

フーコーは次のように述べている。

一九世紀後半以来、血のテーマ系が、性的欲望の装置を通じて行使される政治権力の形を、歴史的な厚みによって活性化し支えるために動員される、ということが起きた。人種主義《レイシズム》はまさにこの時点で形成される（近代的な、国家的な、生物学的な形態における人種主義である）。……ナチズムは、おそらく、血の幻想と規律的権力の激発との最も素朴にして最も狡猾な——そしてこの二つの様相は相関的だったが——結合であった（同、一八八頁）。

ここでいわれている「血」とは、主権的権力がそれをつうじて行使される中心的な要素のことである。「戦争の名誉、饑饉の恐怖、死の勝利、剣をもつ君主＝主権者、死刑執行人と死の刑罰、こういう形で権力は血を通して語った」（同、一八六頁、強調原文）。

これに対し、「性的欲望《セクシュアリテ》」といわれているのは、生‐権力にとっての対象をなす。なぜ生‐権力にとってセクシュアリテが主要な対象となるかといえば、それはセクシュアリテが、個人を分析し規律化することを可能にするような「各人の個性の暗号」となると同時に、「社会の生物学的活力をも啓示する指標」となるからにほかならない（同、一八四頁）。つまり性は個々の身体と住民人口という、生‐権力のふたつの領域に同時にかかわっている。

それは、性が、〈生に基づく政治的テクノロジー〉のことごとくが発展を見た二つの軸の繋ぎ目に位するからである。一方で性は、身体の規律に属する。身体的な力の訓練と強化と配分であり、エネルギーの調整とその生産・管理である。他方では、性は、それが誘導するすべての総体的作用を通じて、住民人口の調整・制御に属する。性は同時に二つの領分に組み込まれるのだ（同、一八三―一八四頁）。

先の引用文にもどろう。要するにそこでは、生‐権力が、一九世紀後半以降、血をつうじて行使される主権的権力によって活性化され、支えられるようになったという事態が述べられている。

重要なのは、この事態をつうじて、「近代的な、国家的な、生物学的な形態における人種主義《レイシズム》」が形成されたといわれていることだ。つまり、二つの権力の結びつきによって、国家そのものが人種という「生物学的な」原理に立脚するようになるのである。生‐権力が主権的権力をみずからの支えとしてもちいるようになることと、国家そのものの編成原理が変わることとは切りはなせない。

『知への意志』の出版とおなじ年（一九七六）になされた講義（「《社会は防衛しなければならない》」）のなかで、フーコーはこの点をより主題的に論じている。フーコーはそこでこう問うている。

生を対象とし目的とするこうした権力テクノロジー（それは一九世紀以降における権力のテクノロジーがもつ根本的な特徴の一つだと思われる）において、殺す権利や殺害の機能はどのように行使されるのでしょうか、主権的権力がますます後退し、反対に規律的で調整的な生‐権力がますます前面にでてくるのであるならば。……生‐権力へと中心化された政治システムにおいて、死の権力をどのように行使し、死の機能をどのように行使するのでしょうか。[*20]

フーコーはただちに答える。「人種主義《レイシズム》が介入するのは、思うに、ここなのです」（*ibid.*, p. 227、同、二五三頁）。主権的な死の権力が生‐権力のただなかで発動されるためには、レイシズムの介入がなくてはならない。では、どのようにしてレイシズムはそれを可能にするのか。それは、生‐権力の対象となる住民たちを一つの生物学的な集合体へと人種化することによってであ

*20　Foucault, *«Il faut défendre la société» Cours au Collège de France. 1976*, pp. 226–227（『社会は防衛しなければならない』二五二―二五三頁）.

る。

フーコーによれば、これによって、生-権力が作用する領野のなかに「生きるべきものと死ぬべきものとのあいだの切断」(*ibid.*, p. 227、同、二五三頁)が導入される。というのも、住民たちの生は、いまや生物学的な人種の生として、「退化・変質(dégénérescence)」(*ibid.*, p. 53、同、六三頁)の危険にさらされているとみなされるようになるからだ。その危険因子は、住民集合体の内部にいる「異常な」個人や集団として同定されることもあれば、別の「劣った」人種としてその集合体の外部に見いだされることもあるだろう。つまりそこでは、住民の生を「より健康でより純粋にする」ためには、それを「退化・変質」させる「異常」で「劣った」人間を排除しなくてはならない、という回路がレイシズムによって設定されるのである(*ibid.*, p. 228、同、二五四頁)。

生-権力はこうして、住民の生を保全し、増強するための不可欠な支えとして死の機能をもちいることになる。主権的権力はこのとき、人種化された住民集合体がもつ「生物学的な共同財産にとっての危険」(*ibid.*, p. 53、同、六三頁)を暴力によって除去する役目を担う。これによって国家の暴力の実践に「人種を防護するという命法」(*ibid.*, p. 71、八三頁)がもたらされる。「国家人種主義(racisme d'État)」(*ibid.*, p. 53、同、六四頁)がこうして成立する。そこで国家が対峙するのは、内部のものであれ外部のものであれ、政治的な敵というよりは生物学的な危険となるだろう[*21](*cf. ibid.*, p. 228、同、二五四頁)。

国家の暴力の実践はこれ以降、生を管理し、増大させる権力の要請のなかにみずからの根拠を見いだしていく。このことによって帰結されるのは、いうまでもなく暴力の増大である（規模の拡大であるとともに強度的な上昇でもある）。剣にもとづく権力はいまや（君主ではなく）人種化された住民全体が行使するものとなり、かれらの生の増強を無限に追求することが血をつうじた権力行使の命法となるからだ。

戦争はもはや、守護すべき君主の名においてなされるのではない。国民全体の生存の名においてなされるのだ。住民全体が、彼らの生存の必要の名において殺し合うように訓練されるのだ。大量虐殺は死活の問題となる。まさに生命と生存の、身体と人種〔race〕の経営・管理者として、あれほど多くの政府があれほど多くの戦争をし、あれほど多くの人間を殺させたのだ。……しかしそこで生存が問題になるのは、もはや主権の法的な存在ではなく、一つの国民の生物学的な存在である。民族抹殺《ジェノシッド》がまさに近代的

＊21　フーコーによれば、死刑の性格もこれによって変容する。「このような権力〔生命を対象とする権力：引用者〕にとって死刑の執行は、同時に限界でありスキャンダルであり、矛盾である。そこから、死刑を維持するためには、犯罪そのものの大きさではなく、犯人の異常さ、その矯正不可能であること、社会の安寧といったもののほうを強調しなければならなくなるのだ。他者にとって一種の生物学的危険であるような人間だからこそ、合法的に殺し得るのである」（『知への意志』一七五頁）。

権力の夢であるのは、古き〈殺す権利〉への今日的回帰ではない。そうではなくて、権力というものが、生命と種と人種〔race〕というレベル、人口という厖大な問題のレベルに位置し、かつ行使されるからである。[*22]

こうして確認されるのは、権力の場においてレイシズムがもつ途方もない役割である。それこそが生-権力に暴力と死をつうじて住民たちの生を増強することを教えるからだ。「生-権力のモードのうえで国家が作動するようになると、国家のもつ殺害の機能はレイシズムによってのみ保証されるのです」。[*23]

われわれは、このようなレイシズムの役割を決して過小評価してはならないだろう。それこそがわれわれの時代における権力の逆説を、つまり生の増強をめざす産出的な権力によって大規模な暴力が組織されるという逆説を可能にしたからである。[*24]

6　ナショナル・アイデンティティの構成

レイシズムの問題はわれわれをナショナリズムのテーマへと導くだろう。

レイシズムは国民的同一性《ナショナル・アイデンティティ》の構成において本質的な役割をはたしている。ネグリ＝ハートはこう述べている。

国民・人民・人種の諸概念は、それほどかけ離れたものではけっしてない。絶対的な人種的差異を構築することは、均質的な国民的同一性という構想を打ち立てるさいに、その本質的な基盤となるのである。[25]

すでに述べたように、国民国家が成立するためには、領土内の住民が特定の集団的アイデンティティをつうじて国民へと生成しなくてはならない。この点で、国民国家の成立にはナショナリズムが不可欠だ。ナショナリズムとは、民族的《ナショナル》な単位が政治の主体となるべきことを主張するひとつの政治的原理であると同時に、その単位をなりたたせる国民的アイデンティティを構成する運動でもある。この国民的アイデンティティの構成という点において、レイシズムはナショナリズムと内在的な関係をもつ。

国民国家の主体となる領土内の住民は、はじめから民族的《エスニック》であったわけではない。また、暴力を背景にして人びとを支配し、富を徴収するという運動そのものは、そこでの住民が民族的《エスニック》であることをいささかも要請しない。バリバールが言うように、「国民国家はそれだけではエスニックなものを何ももたない」[26]。あらかじめ存在した民族が国家の基盤とな

＊22 『知への意志』一七三—一七四頁。
＊23 Foucault, *«Il faut défendre la société» Cours au Collège de France. 1976*, pp. 228（前掲、二五五頁）.

るのではない。

人種主義（racisme：仏語）とは、「種的出自（race）」にしたがって個人や集団をアイデンティファイし、それによってかれらを序列化したり差別化したりする観念や運動のことである。*27 近代のレイシズムは、住民を生物学的な単位へと統合しつつ人種化した。これ

＊24 主権的権力と生－権力との結びつきという問題については、アガンベンもまた『ホモ・サケル』のなかで主題的に論じている。アガンベンはその探求をささえる着想をつぎのように説明している。「これからおこなう探求はまさしく、権力の法的－制度的範型と生政治的範型のあいだの隠れた交点に関わるものである。この探求の数ある帰結のうちでも特記されてしかるべきだったのはまさしく、二つの分析は互いに分離できないということであり、剝き出しの生を政治の圏域に含みこむということが主権権力の——隠されているとはいえ——そもそもの中核をなしているということである。さらに言えば、生政治的な身体を生産することは主権権力の本来の権能なのである」（『ホモ・サケル』高桑和巳訳、以文社、二〇〇三年、一四頁、強調原文）。

ここで述べられている認識は、しかし、われわれがフーコーの読解をつうじて導きだしてきたものとは相容れない。アガンベンの認識からすると、生－権力のエレメントは本来的に主権的権力に内包されていたことになる。アガンベンは、「権力の生政治的範型」が主権的権力によってもちいられるメカニズムを、フーコー自身の位置づけよりもはるかに過去にさかのぼって探求しようとする。

しかしアガンベンはそれによって、生－権力の概念を（そして主権的権力の概念そのものも）非歴史的で形式的な概念にしてしまう。そこでは、フーコーの分析がもっていた権力の系譜学的な視点は漂白される。アガンベンの認識からは、異なるロジックをもつ権力が特定の歴史的状況のなかでどのようにむすびつき、それによってどのような暴力の実践の形態が生みだされてきたのかとい

う問いはでてこない。

ある概念や事象をできるだけ過去へと当てはめることは一見ラディカルな手続きにみえる。しかしそれは、フーコーの系譜学的な思考がもつラディカルさとはじつは異質なものだ。

実際には、主権的権力が生-権力のはたらきと結びつくためには――住民の集合体がレイシズムをつうじて生物学化されたように――権力に対する身体のあり方そのものが変更されなくてはならない。主権的権力が「剝き出しの生」としての身体を相手にするということだけでは、それが生-権力のはたらきをもっていることにはならないのだ。じじつ、身体そのものは主権的権力においても本質的な要素となっている。フーコーはいう。

「したがって、その身体こそは刑罰の典礼における本質的部分なのであって、その典礼においては身体は、君主が行使する恐るべき権利を中心に秩序立てられる訴訟手続きの、つまり訴追と秘密保持との相手役をつとめなければならない」(『監獄の誕生』五一頁)。

フーコーによれば、あらゆる権力にとって「問題になるのはつねに身体である」(同、二九頁)。つまりそこで問われるべきは、権力が身体を相手にしているかどうかではなく、「権力関係による身体自身の掌握手段の変化」(同、二八頁)なのである。

＊25 ネグリ＝ハート『〈帝国〉』水嶋他訳、以文社、二〇〇三年、一四二頁。

＊26 *E. Balibar, Les Frontières de la démocratie*, La Découverte, 1992, p. 94.

＊27 ただし、レイシズムが参照する出自には、「生物学的な種」としての出自だけでなく、文化的な出自も含まれることに注意しよう。つまり、肌の色などの身体的な特徴以外のところにも、レイシズムは差別の材料を見いだす。たとえばそれは、道徳や信仰であったり、勤勉さ、犯罪への親和性、文明(や野蛮さ)の度合などであったりするだろう。この場合、レイシズムにとって参照基準となるのは、「出自をつうじて身につけてきた文化や性向」ということになる。

ちなみに、フランス語において、レイシズムというタームはアイデンティティをめぐる差別・排除の問題を指すものとして、ナショナリズムよりも広い文脈でもちいられる。フーコーがレイシズムの問題を論じるのは、そうした文脈の広がりのなかにおいてである。

によってレイシズムは、国民として囲われるだろう住民の集合体にエスニックな「実体」を与えるのだ（もちろんこの「実体」は客観的なものではなく、あくまでも想像的なものである）。ナショナル・アイデンティティの構成においてレイシズムがはたす本質的な役割がここにある。レイシズムを通過することで、ある地域の住民は民族的な出自をもった集合体として表象されるのである。

アガンベンは、nazione（国民）という語が語源的に nascita（誕生／血統）という語とつながっていることを指摘している。[*28] つまり国民国家とは、「誕生／血統」を国家のメンバーとなるための資格とするような国家形態にほかならない。国民国家はみずからの形態そのものにおいて、出自にもとづいて人びとをアイデンティファイするレイシズムと暗黙の関係をむすんでいるのだ。[*29]

ナショナリズムはレイシズムをつうじて住民の集合体に民族的なアイデンティティを確立する。国民が帯びることになる〈自然さ〉を、ナショナリズムはレイシズムから受けとるのである。その自然さは、出自の観念にもとづいた排除の制度化を不可欠な契機にしている。この意味で、レイシズムは「まともな」ナショナリズムからの非合理的な逸脱などではない。両者の関係はきわめて内在的なものだ。

ナショナリズムは、国民的アイデンティティの構築をつうじて、国家を共同体的に基礎づける。ナショナリズムにおいて思考すべきは、この国民的アイデンティティの構築という問題にほかならない。

この場合、つぎの点に注意しなくてはならない。〈国民的なもの〉と〈外国人的なもの〉との差異が特権化され印づけられるのは、アイデンティティが構築される仕方にもとづいているのであって、その逆ではない。いいかえるなら、ナショナル・アイデンティティが構築されるのは、〈われわれ〉と〈外国人〉のあいだに客観的な差異があらかじめ存在するからではない。そうではなく、〈われわれ〉の同一性が構成される仕方こそが、誰が〈異者〉であり、どのような差異が〈われわれ〉と〈異者〉を隔てているかを決定するのだ。そこでは同一化のプロセスが差異化のそれに先だつ。ナショナリズムが「発見」する差異は、ナショナリズムが我有化しようとする同一性に照射されることではじめて定立されるのである。この点で、ナショナリズムが差異を

＊28 ジョルジョ・アガンベン『ホモ・サケル』高桑和巳訳、以文社、一七七頁、および『人権の彼方に』高桑和巳訳、以文社、四八、四九頁参照。

＊29 こうした暗黙の関係を制度的に体現しているのが戸籍制度である。戸籍制度は、住民全体の〈血のつながり〉をフィクティヴに演出しながら、生まれにもとづいて誰が国民として国家に帰属するのかを明示する。それによって、ナショナルな政治組織がもつエスニックな同一性が制度的に保証されるのだ。また戸籍制度は、国民国家がレイシズムを介してセクシズム（性差別主義）と手をむすぶ地点をも指し示しているだろう。というのもその制度は、規範的で「正常」な家族関係を規定するからである。

まなざす仕方と、〈われわれ〉を組みたてる同一化のあり方とは完全に相関的である。

国民的アイデンティティとは、アイデンティティが集団的に構成されるさいの一つのあり方にほかならない。その構成のメカニズムを把握するために、ここでバリバールの仕事を参照しよう。[*30]

アイデンティティとは抽象的な概念であり、それは帰属の概念と関係づけられることではじめて具体的なものとなる、とバリバールはいう。つまり、すべてのアイデンティティには帰属の感情が対応しており、同様にすべての帰属の感情にはアイデンティティが対応している。

バリバールはまた、「すべてのアイデンティティは視線である」とも定義する。それは他者を見る方法であり、とりわけ自分が見ている他者のまなざしをつうじて自己自身を見る方法である。

アイデンティティの構成とは想像的なものをつうじた現実的なきずなの産出であることをバリバールは強調する。アイデンティティとは各人にとって自己に関わる方法であり(自己の自己への関係)、その意味では絶対的に特異なものとして生きられる。とはいえ、完全に孤立した個人にとってのアイデンティティというものは存在せず、またいかなる社会的関係にも先行する「根源的な自己」なるものを想定することもできない。アイデンティティはつねに、コミュニケーションに参加し、ある帰属をつうじて自己を承認する仕方としてしか存在せず、したがって「間-個人的（trans-individuel）」なものである。それは、社会諸関係のなかに折り込まれた〈われわれ〉の表象や自己と他者の関係によって産出されるのであり、純粋に個人的でもなければ純粋に集団的でもない。

バリバールはアイデンティティの構成をめぐって、基本的な論点を三つにまとめている。[※31]

（一）すでにでき上がった所与のアイデンティティというものは存在しない。あるのはただアイデンティフィケーション（同一化）のプロセスのみである。あらゆるアイデンティティの構成は他者に依存し他者を通過しなくてはならない以上、そのプロセスはつねに不均衡で完成することのない過程であり、また、そこにはアイデンティティを象徴的に保証するようなさまざまな歴史的制度が対応している（戸籍制度もそのひとつ）。そうした歴史的制度は、自己や他者の役割を象徴化し（たとえば先生と生徒、あるいは社会的な肩書きなど）、アイデンティフィケーションのプロセスが本来もっている複雑性を縮減する。

（二）アイデンティフィケーションは、特徴をめぐる二つの極のあいだで展開される。

＊30　以下、Balibar, *La crainte des masses. Politique et philosophie avant et après Marx*, p. 45 et p. 363 : *Droit de cité. Culture et politique en démocratie*, Édition de l'Aube, 1998, p. 114. を参照。

＊31　Cf. *La crainte des masses. Politique et philosophie avant et après Marx*, pp. 363-367.

さいしょの極は、想像的な類似にもとづく諸特徴にかかわっている。諸個人は、外見やしぐさや習慣の類似をつうじて、一定の特徴を共有した集団へと同定《アイデンティファイ》される。たとえば「日本人はこれこれの共通した顔やしぐさや習慣をもつ」と言われるように。そこで見いだされる類似は、あくまでも想像的なものであり、「客観的」に存在するものではない。しかしその想像的な類似が、個人の共同体への帰属を、身体的・精神的に共通の「自然」や「実体」として提示する。これによって虚構のエスニシティが構成される。この虚構のエスニシティは、「典型的」と言われるようなふるまいや外見の諸特徴によって、ひとつの国民を他の国民から区別するだろう。

もうひとつの極は、信条や信仰をめぐる諸特徴にかかわっている。これは超越的な呼びかけ（神の呼びかけ、祖国の呼びかけ、革命の呼びかけ……）にたいする共通の応答においてあらわれ、それによって象徴的な同胞愛（fraternité）のエレメントを組みたてる。この場合、国民は超越的な共同体としてあらわれるだろう。その超越性は、共通の運命や歴史的使命、あるいはメンバーの救済といった観念に結びついており、各人はその代償として共同体に固有の象徴を世代から世代へとつたえる義務を負う。

これら二つの極は、ナショナル・アイデンティティの構成における二つのイデオロギー的テーマに対応している。各国民に固有の物語は、それらのイデオロギー的テーマをつうじて生産されるだろう。一般に「文化」と呼ばれているのは、これら二つの極の結合によってなりたっている。

（三）アイデンティティは、それをめぐる共同体的なレフェランスのヒエラルキーが固定化されることで、はじめて具体的に存在するようになる。というのも、諸個人は唯一的なアイデンティティをもつのではなく、価値的に不平等でかつ係争的ないくつものアイデンティティをもつからである（たとえば職業上のアイデンティティと宗教上のアイデンティティがたがいに対立することはつねにありうる）。こうした係争的な多様性は、アイデンティフィケーションのプロセスにおいて絶えず活性化されるだろう。その多様性が安定的に縮減されるのは、個々のアイデンティティを象徴化するさまざまなレフェランスが序列化されることによってである。

とはいえ、諸々のアイデンティティのあいだにヒエラルキーを打ちたてることは、「全体主義的な」唯一のアイデンティティのもとへとその多様性を吸収させてしまうことではない。そうではなくそれは、さまざまな帰属やアイデンティティのあいだに「ヘゲモニー」を確立することであり、そのヘゲモニーのもとでそれらの帰属やアイデンティティを変形しながら序列化することである。バリバールによれば、近代においては二つのイデオロギー的シェーマだけが――競合しつつ交代に――このようなヘゲモニーを担うことができた。そのシェーマとは、宗教のシェーマとナショナリズムのシェーマである。

以上がバリバールの三つの基本論点である。

われわれの考えでは、宗教のシェーマとナショナリズムのシェーマがアイデンティティをめぐるヘゲモニーを担うことができたのは、それらが諸個人の生と死を永遠性のもとで保証し、価値づけることができたからである。この点で、アイデンティティの領野でヘゲモニーが確立されることは、ヘゲモニックな暴力が社会のなかで確立されることと切りはなせない。

ヘゲモニックな暴力とは、社会のなかで広範な人びとを――かれらの個別的で日常的な帰属をこえて――みずからのもとに動員し、組織化することができるような暴力のことである。そうした暴力の組織化を道徳的・情動的なレベルでささえるのがヘゲモニックなアイデンティティにほかならない。諸個人はそのヘゲモニーがさししめす支配的な帰属のもとで社会化され、動員され、他のさまざまなアイデンティティを生きる。ナショナリズムはこうしたヘゲモニーを担うことで、社会における暴力の組織化の支配的な原理となるのである。

第七章　国家と資本主義

1　捕獲装置と資本主義

われわれは第三章で、富の我有化や徴収の運動がもつファンダメンタルなはたらきをみてきた。富の我有化をつうじて敵が発生し、所有権が成立し、治安が追求される。国家をうみだす暴力の組織化は、富の徴収のために、また徴収した富によっておこなわれる。徴収をつうじた富の我有化とは国家の存立原理にほかならない。ここで考えたいのは、その原理がもたらした歴史的な効果である。国家を稼動させる富の徴収の運動は、歴史のなかでどのようなシステムを帰結したのか。ドゥルーズ＝ガタリの仕事が、ここでの導きの糸となる。

『千のプラトー』においてかれらは、マルクスにならって、国家の歴史的起源をストックの存在のなかに見ている。ここでいうストックは、われわれの文脈では、徴収をつうじて蓄積される富に対応している。

ただし注意しなくてはならない。このストックが蓄積されるのは、――マルクスが述べるように――あるていど発達した生産力がもたらす富の余剰にもとづいて、ではない。そうではなく、逆にストックこそが余剰を産出する。「もはやストックが潜在的な余剰を前提とするのではなく、ストックによって余剰が生まれるのである」[*1]。

この点において、マルクスのテーゼは逆転されなくてはならない。さきにわれわれが敵の存在や所有の観念についてみたのと同じことが、ここでも当てはまる。徴収が余剰に先立つのだ。あまった生産物がなくても徴収はおこなわれる。国家の出現はだから、特定の生産様式を前提とするのではない。国家はむしろ一挙に出現する。

もはや国家が、発展した農業共同体や、発達した生産力を前提とするのではない。反対に、前提とされる農業も冶金業ももたない狩猟採集民の真っ只中に、国家は何の介在もなく直接的に樹立される(同、四八五頁)。

国家の起源を生産力の発達などの進歩史観的なシェーマによって説明することはできない。「国家は、経済力や政治力の進歩によっては説明できない」(同、四一五頁)とドゥルーズ＝ガタリはいう。実際、暴力の組織化をうながすモーターとなるのは、暴力そのものに属している社会的機能にほかならず、それは経済的な発達などの他の要因には依存しない。「暴力は生産様式から来るというだけでは不十分なのである」(同、五〇三頁)。ストックはさまざまな相関物をつうじて形成される。土地、労働、貨幣だ。これらの相

＊1　ドゥルーズ＝ガタリ『千のプラトー』宇野他訳、河出書房新社、一九九四年、四八五頁。

関物は、国家が成立し機能する三つの様態をくみたてるだろう。

まずは土地から見ていこう。土地は比較されることによって地代をうみだす。もっとも生産性のひくい土地に対して、他の土地がもたらす過剰分が地代となるのだ。こうした比較はストックによってこそ可能となる。ストックは——徴収をつうじて——ある土地における〈上がり〉や収益の観念を生じさせるからだ。「利益が比較されうるのはストックによってである」(同、四九七頁)。徴収が所有の観念をもたらすことはすでにみた。ストックは徴収をつうじて、土地を所有可能なものにすると同時に、比較可能なものにする。この所有可能性と比較可能性が地代の出現の条件となるのである。

ストックはまた、労働を相関物としてもつ。労働とは、ストックされた人間活動にほかならない。ちょうど地代が、比較され所有された土地からうまれるように、労働も、人間の活動が比較され所有されることによって成立する。人間の活動は、共通な尺度のもとで比較されるときに労働となり、また事業主に所有されるときに余剰労働となるのだ。したがって、必要な労働と利潤をうみだす余剰労働という、二種類のものがあるわけではない。

労働と余剰労働は厳密に同じであり、人間活動の量的比較から見られるものが労働であり、事業主による労働の独占的所有の観点から見られるものが余剰労働となるだけである(同、四九八頁)。

通常では、両者はつぎのように区別されている。必要とされる労働をこえて働いた分が、利潤をうみだす余剰労働となる、と。しかし、そもそも人間の活動が相互に比較可能な労働となるのは、そこからある利益が徴収されることによってでしかない。人間活動の我有化や搾取といった運動がまずあるのであり、ここでもまた徴収が労働に先立つのだ。この意味で、余剰労働こそが労働の根拠である。「余剰労働とは労働を超過するものではない。反対に余剰労働から演繹されるのが労働であり、労働が余剰労働を前提とするのである」(同、四九八頁)。

ストックのさいごの相関物は貨幣である。「事実、長期間保存されるものなら何でも貨幣になりうるのだから、貨幣はストックの相関物の一つ、ストックの下位集合となっている」(同、四九九頁)。

ドゥルーズ＝ガタリによれば、貨幣は交換や商業の要求からうまれたのではなく、税の徴収からうまれた。つまり、富者が税として納めうるものと、貧者が税として納めうるものとのあいだに比較可能で等価的な関係が確立されるために、貨幣は――この関係を循環するという条件で――導入されたのである。これによって財と役務と金銭のあいだに等価関係が成立し、それらの「客観的な」価値をはかるよう貨幣が流通しはじめた。つまりここでも徴収が貨幣の前提となるのである。

一般的な法則として、税が経済の貨幣化をもたらすのであり、税が貨幣を作り出す。税が、必然的に運動、流通、循環の中にある貨幣を作るのであり、循環する流れの中で、必然的に役務と財に対応するものとして貨幣を作るのである(同、四九九頁)。

これら三つの相関物を介してストックは形成される。つまり、土地から地代が、労働から利潤が、貨幣から税が、それぞれ抽出され蓄積される。こうしたストックの形成は、国家の成立と完全にパラレルだ。国家とは、ストックを生じさせる仕掛け、アレンジメント(agencement)にほかならない。それは、所有可能で比較可能な対象をつくりだすことでストックの蓄積を可能にする。こうした仕掛けを、ドゥルーズ=ガタリは捕獲装置とよぶ。国家は、土地や労働や貨幣をうみだしながら富を捕獲する装置――「三つの頭をもつ捕獲装置」(同、五〇〇頁)――として、歴史のなかに登場するのだ。古代専制国家または古代帝国の誕生である。

ただし国家による捕獲は、こうした富の徴収-我有化だけでなく、もうひとつ別の側面にもかかわっていることを忘れてはならない。すでに見たように、その側面とは戦争機械の捕獲である。国家は、それじたいは盲目的で分子的な戦争機械を、馴致し、所有し、みずからの目的へと従属させる。暴力を組織化し制度化しながら富を徴収するという二重のはたらきが、捕獲装置としての国家の運動を特徴づけるのだ。

ドゥルーズ＝ガタリによれば、こうした捕獲装置の出現は、資本主義が成立するための遠因となる。捕獲装置がもつ二重のはたらきに応じて、その遠因はふたつの点で指摘されるだろう。

さいしょの点は暴力にかかわっている。マルクスが指摘するように、資本主義的生産様式が成立するためには、貨幣や生産手段をあらかじめ少数の人びとに独占させる本源的（原始的）蓄積がなされねばならず、その蓄積は国家の暴力を経由することによってのみ可能となる。捕獲装置の出現は、こうした本源的蓄積の暴力を準備することによって資本主義の遠因となるのだ。

ただし、このマルクスの指摘は——国家の暴力を農業生産様式に由来するものと考えている点で——拡張されなくてはならない。というのも、古代専制国家による捕獲は農業生産様式に先行するからである。本源的蓄積をもたらす国家の暴力は、特定の生産様式には還元されえない一般性をもつ。

ところで、マルクスのこの分析は拡張されるべきものだ。農業生産様式から生まれるどころか、それに先行する帝国的本源的蓄積というものが存在するからである。一般に本源的蓄積は、捕獲装置が組み立てられ、それに特殊な暴力がともなうたびに存在する

（同、五〇三頁、強調引用者）。

したがって、ひとつの歴史的段階に固有のものとして本源的蓄積をとらえることはできない。言いかえるなら、資本主義があらたな次元へと伸張しようとするときにはつねに、資本の本源的蓄積をそのつど再開するような国家の暴力が呼びだされる。ちなみに、資本主義と暴力とのこうした内在的なつながりは、なぜ資本主義が都市形態をつうじてではなく国家形態をつうじて支配的になったか、ということをわれわれに理解させてくれるだろう。つまりそれは、都市が武力の行使を傭兵にたより、戦争機械を我有化できなかったのに対し、「国家だけが十分に戦争機械を所有する能力を持っていた」（同、六三〇頁、原注19）からである。

捕獲装置の出現が資本主義の遠因となったもうひとつの点は、国家の捕獲が不可避的に派生させてしまう流れにかかわっている。すでに見たように、国家は富を徴収し我有化するために、所有可能で比較可能な対象――労働や貨幣――をうみだす。しかし、これらの対象は国家によって創出されるやいなや、国家から逃れていくあたらしい流れを不可逆的につくりだす。

つまり、人間活動が労働として国家に捕獲されることによって、公共のものではない独立した労働の流れがそこから派生する。貨幣形態における税が創設されることによって、交易や銀行といったものに結実する貨幣の流れが発生する。そして、国家による公的所有制がつくりだされることによって、私有システムの流れが公有システムのコントロールのそとへと流出する（同、五〇四―五〇五頁参照）。こうした流れを派生させることで、捕獲装置の出現は資本主義が成立するための布石となるのだ。資本主義は、独立した労働や貨幣の運動、そして私有制を、不可欠な要素として前提とするからである。

とはいえ、実際に資本主義が成立するのは近代とよばれる時代になってからである。古代専制国家は資本主義の遠因になるとはいえ、それはあくまでも端緒でしかない。資本主義が成立するためには、労働・貨幣・私有制の流れが「流れる」というだけでは不十分であり、さらにその流れが積分されなくてはならない。先行する国家装置を凌駕するような、流れの「全体化された接合作用」（同、五〇八頁、強調原文）が、資本主義の誕生には不可欠なのである。

たしかに、古代専制国家の出現から資本主義の成立のあいだには、これらの流れを結合するようないくつもの装置が出現した。発達した帝国や君主制、都市といったものがそうだ。しかし、これらの装置は流れを局所的に結合するだけで、その流れはいまだ質的な限定をうけていた（封建的に組織された農村、組合的に組織された都市……）。資本主義は、労働・貨幣・私有制の流れが質的な限定をとりはらい、互いに合流するときにはじめて出現する。

資本主義は、質的な限定を受けない富の流れが、質的な限定を受けない労働の流れと出会い、それに接合されるとき形成される（同、五〇八頁）。

重要なのは、こうした「全体化された接合作用」によって、流れの各要素はいっきに抽象化されるということだ。

まず、労働は身分や役務といった限定から解放され、「自由な裸の労働」（同、五〇八頁）となる。また他方で、「富とはもはや土地、商品、金銭といったものではなく、等質で独立した純粋資本とならなければならない」（同、五〇八頁）。そして私的所有は、人びとのあいだの相互依存的な権利関係をつうじてある対象（土地、もの、人）を所有することではなくなり、いかなるものにも適用されうる権利そのものを所有することになる（資本を所有するとは、何にでもそれを交換できる権利を所有することにほかならない）。ドゥルーズ＝ガタリはいう、資本主義における「私有とは、土地や地面の私有でも、個々の生産手段の私有でもなく、抽象的で変換可能な権利の私有なのである」（同、五〇九頁）。

私的所有におけるこうした変化は、資本主義の成立にとって決定的なモメントとなるだろう。というのも、この抽象的な権利こそが資本主義における公理系の一貫性（consistance）をくみたてるからである。「資本主義と現在の政治は文字通り一つの公理系を形成している」(同、五一六頁)のであり、その「公理系の全体または統一性、つまり一貫性は、「権利」または生産関係としての資本によって定義される」(同、五一九頁)。

とはいえこれには少し説明が必要だろう。

資本主義が裸の労働力の流れと純粋資本の流れとの接合をつうじて成立することはすでに述べた。資本主義はこのとき、質的な限定をうけないこれらの流れを調整したり、制御したり、関係を規定したりする「操作的な言表」(同、五一六頁)を必然的にともなう。なぜそれが「言表」となるかといえば、流れの管理はつねに――グラフや計算式などを含めた――記号によって表現されるしかないからだ。資本家とはこうした管理をおこなう主要な「言表行為の主体」(同、五一二頁)にほかならない。そこで定立される言表は、流れにとっての基本的な枠組みとなるだろう。

ドゥルーズ=ガタリは、こうした「操作的な言表」を「資本主義の公理」とよぶ。それが――コードから区別されて――「公理」とよばれることには理由がある。コードが質的に限定された諸要素あいだの特殊な関係をあらわすのに対し、公理は、質的な限定をもたない諸要素の純粋に機能的な関係をあつかうからである(同、五〇九頁参照)。要するに、脱コード化した流れの関係を機能的に操作するのが資本主義の公理にほかならない。資本主義が作動するのは、こうした公理のシステム、すなわち公理系をつうじてである。「言いかえるなら、資本主義は脱コード化した流れのための一般公理系とともに形成されるのである」（同、五〇八頁）。

ところで、こうした公理のそれぞれは――それが資本主義の公理であるかぎり――「自由な裸の労働」や「等質で独立した純粋資本」のコンセプトに矛盾するかたちでは定立されえない。つまり、抽象的な資本の運動のまわりで富を産出する普遍的な活動（労働）がなされるという関係にのっとって、個々の公理はくみたてられなくてはならない。そうした生産関係のプロトタイプは、環境に応じてさまざまな生産手段へと適用されうる抽象的な富への権利によって定式化されるだろう。そこでは生産関係そのものが一つの権利においてあらわれるのだ。労働と資本の流れを管理する諸公理は、こうして、権利それじたいを対象とする私的所有の普遍性をみずからの公準とする。「抽象的で変換可能な権利の私有」が公理系の一貫性をあらわすといわれるのは、このような意味においてである。

こうした公理系は、資本主義の成立とともに世界的なものとなる。つまり、「抽象的で変換可能な権利」を私有することが、あらゆる地域のあらゆる社会編成に適応される普遍的な生産関係をくみたてるのである。資本主義の公理系とは、世界化された（そして世界化する）公理系にほかならない。資本主義は、それじたいは資本主義的でない生産手段や生産部門にまで、「権利」または生産関係としての資本」を植えつけるのだ。

世界的公理系の出現によって、国家と流れの関係もまた変化するだろう。

すでに見たように、資本主義が成立するのは、国家による捕獲から派生した流れが積分され、ひるがえって国家装置そのものを凌駕することによってである。いわばそこでは、国家と流れのあいだの立場が逆転してしまうわけだ。もちろん、そうした逆転によって国家は捕獲装置であることをやめてしまうわけではない。資本主義の時代にあっても、国家は、暴力を組織化しながら富を徴収する審級でありつづける。国家を凌駕する流れの出現によって変化するもの、それは国家が富を徴収する仕方だ。国家は、いまや優勢となった資本の流れに寄生することで富を得ようとする。資本をみずからの内部で増殖させることで、国家はより多くの富を徴収しようとするのだ。〈資本にやさしい〉国家の性格がこうして生まれてくる。このとき国家は、資本がより効率的に活動できるよう、流れについての公理を整備することになる。類別的なコードの羅列ではない、公理的な体系をもった法律がつくられるのも、そうした整備の一環としてである。[*2]

ドゥルーズ＝ガタリは、こうした新しい国家のあり方を、資本主義公理系にとっての「実現モデル」とよぶ。

＊2　ドゥルーズ＝ガタリは、「局所的」なローマ法と、民法のような「公理系的」な現代法とを対立させて、つぎのように述べている。

「民法を規則コードよりも、むしろ公理系に近づけているいくつかの基本的側面は次のように定義される。（1）命令や感情的な表現（呪い、勧告、叱責）ではなく、陳述的形式の採用、（2）完全でかつ飽和した合理的体系であると自称すること、（3）しかし同時に、命題相互には相対的な独立性があり、それにより公理を付加することが可能になっていること」（同、六三四頁、原注45）。

こうして、国家はもはや超コード化の超越的なパラダイムではなくなり、脱コード化された流れをめぐる公理系にとっての内在的な実現モデルとなる（同、五一〇頁）。

国家がこうした実現モデルになるのは、独立した資本の競争がなされるような環境へと国家の内部が再編されることをつうじてである。そのためにはまず、自由でむきだしの労働力の流れを保証する、同質的な住民の存在がなくてはならない。国家はこのとき、かつての古い装置（封建制、発達した帝国、都市……）によって質的に限定されていた住民の身分を「解放」することになるだろう。また他方では、資本の自由な流れを保証する、障壁のない均質的な空間が必要となる。国家はこのとき、独立資本の運動をさえぎるような古い領土的な垣根（公有地、帝国の属州、領有地……）をとり払うことになるだろう。国民国家の母型がこうしてかたちづくられる。

……より一般的に言って、われわれが考慮すべきことは近代国家、国民国家の「唯物論的」限定である。すなわち、そこで労働と資本が自由に循環している生産者集団、つまり資本の等質性と競争が原則的に外部からの障害なしに実現されている生産者集団（同、五一〇頁）。

国民形態とはけっして単なる想像上の産物ではない。その形成には物質的な基礎がある。資本主義の諸公理を実現することによって、国家は国民的な形態へと生成していく。それは、不可避的に資本主義にまきこまれている近代国家の一つの帰結である。「実にさまざまな形態のもとで国民国家と呼ばれるもの、これこそが実現モデルとなる国家である」(同、五一一頁)。

もちろんこの実現モデルは、政治体制の多様性をけっして排除しない。国民形態のもとで、国家はさまざまな政体をとりうる。民主国家から、全体主義国家、自由主義国家、専制国家、さらには社会主義国家もそこに含まれる(同、五一〇頁参照)。

しかし、こうした多様性のなかで、公理系の実現モデルは国民形態という一つの「同形性」(同、五一〇頁)へと収斂する。というのも、資本主義をまえにしてあらゆる国家は、労働と資本が自由に流れるための、「統合された唯一の国内市場に向かう傾向」(同、五一九頁)をもつからである。世界的な抽象性と普遍性をもった公理系のもとで富を徴収するために、国家は、統一的な国内市場をくみたてる同質的な国民の形態をまずは通過しなくてはならない。

可能なかぎりの多様性をともないつつこうした国民国家という形態のもとで、国家は資本主義公理系にとっての実現モデルとなっていく(同、五一一―五一二頁)。

こうした国民形態からみれば、政体の多様性は「具体的な変数」(同、五一〇頁)としてあらわれるだろう。唯一の世界的公理系に対して、実現モデルの一つの同形性と、そのもとでの体制上の多様性があるのである。*3

2　全体主義的縮減――国家の現在

捕獲装置をつうじた富の徴収‐我有化は、資本主義という歴史的なシステムをもたらした。では、そのシステムのもとで国家は現在どのような状況にあるのだろうか。まずは、現在の公理系のあり方にとって前提となる段階を見ておこう。ドゥルーズ＝ガタリは、二〇世紀の前半以降、資本主義公理系の中心部でおこった事態について、つぎのように述べている。

資本主義には恒常的に公理を追加する傾向がある。第一次世界大戦後、世界恐慌とロシア革命の影響を統合し、資本主義は、労働者階級、雇用、組合組織、社会制度、国家の役割、国外市場と国内市場などに関して、公理を増殖させ、新しく発明することを余儀なくされた。ケインズ経済学、ニューディール政策は、公理の実験の場だった。第二次世界大戦後に創造された新しい公理の例。マーシャル・プラン、援助や借款の形態、通貨システムの変形（同、五一六―五一七頁）。

ドゥルーズ＝ガタリによれば、資本主義の発展期や復興期には公理が増加される傾向にある（同、五一七頁参照）。二〇世紀前半以降の実現モデルは、こうした公理の増殖によって特徴づけられる。たとえば、雇用を保護し、社会保障制度を整備し、組合運動を合法化し、公共事業をつうじて景気対策をする。これらの公理によって国家は、労働と資本の流れを調整し、資本主義がより安定的・効率的に作動しうる環境をととのえていった。

ここで注目したいのは、資本主義にこうした公理の増殖をもたらした原因として、ドゥルーズ＝ガタリが世界恐慌とロシア革命をあげていることである。公理の増殖は資本主義の危機にたいする防御策なのだ。資本主義は、みずからの危機をのりこえ延命するために、住民の生存や権利を保護するような諸公理を実施するよう余儀なくされた。公理の増殖と

＊3　ただし、注意すべきだが、実現モデルの同形性は、あらゆる政治体制がけっきょくはおなじ質や価値しかもたないということをけっして意味しない。「……同形性は決して等質性を意味しない。生産様式が同じであれば、全体工義国家と社会民主主義国家のあいだには同形性が存在するが、二つが異質であることに変わりはない」（同、五一九頁）。

は、資本主義にとって妥協の産物であると同時に、みずからの限界の移動にほかならない。そこでの目標は、革命の温床となりうる社会的な矛盾をできるだけ解消し、恐慌のリスクをさげるような資本循環の回路を開発することにあった。

前章でわれわれは次のことを確認した。つまり、資本主義がもたらす諸矛盾に対処するために住民の生活に介入し、かれらの生存条件をととのえていくことで、国家はより国民化され社会化されてきたことを。国民国家は、国家の内部が資本主義的な空間につくりかえられることで成立したが、社会政策的な公理の増設による国内市場の整備をつうじて、国家はその国民化のプロセスを加速させたのである。「特に公理が増設されるのは、国外市場からの要請と平行して統一国内市場が組織されるときである」(同、五一七頁)。

もちろん、暴力はそこでも国家にとっての主要な手段であった。資本主義における諸矛盾が引きおこすさまざまな闘争や抵抗を一方では抑圧しつつ、他方で、公理の設置によってそれらのコンフリクトを緩和し馴致していったのである。公理の増設が資本の価値増殖につながるような回路の存在が、こうした国家の妥協をより実効的なものにした。そこでは、資本の成長が一定程度、住民の生存条件の改善(や権利の獲得)へと還元され、そしてその改善がひるがえって資本の価値増殖を有利にする。公理の付加をつうじた資本の流れの増強は、こうして、二〇世紀のある時期まで、世界資本主義の中心部における主要なモードとなっていく。

これに対して現在はどうか。以上のような前段階とくらべるなら、こんにちの公理系の特徴はつぎのような点に見いだされるだろう。雇用のフレキシブル化がさけばれ、失業者は——やむをえないものとして——なかば放置される。財政難または自己責任という理由のもとで社会保障制度は縮小させられていく。工場の海外移転にともない国内市場は空洞化しはじめた。冷戦状態も解消し、革命の恐れはもはやほとんどない。社会的矛盾を緩和するクッションであった、生存権や社会権は急速に形骸化しつつある……。

ドゥルーズ＝ガタリによれば、こうした動向は全体主義に固有のものだ。全体主義国家とは、「公理を除去し、引き算する傾向」（同、五一七頁）によって特徴づけられる実現モデルにほかならない。それは増加した公理の数を、「支配的な流れを調整するきわめて少数の公理だけに制限」（同、五一七頁）する。このとき、それ以外の流れは、結果的に派生したものとみなされるか、「あるいは、野生状態に放置されるが、放置されるとはいえ、いつ逆に国家権力の凶暴な介入をこうむるかもしれない」（同、五一七頁）。

つまり、全体主義的実現モデルにおいては、資本の価値維持や外的部門の均衡にかかわる公理だけが保持され、住民の生存条件や権利にかかわる公理は積極的に廃棄される。住民の生存は、資本の運動から結果的に派生するものとして、野生状態のなかに放置されるのである。野生状態の展開はとりわけ雇用の変化としてあらわれる、とドゥルーズ＝ガタリはいう（同、五一七頁参照）。こうした公理の除去によって、国内市場は崩壊し、社会矛盾は増大する。そして、そこから生じる攪乱的な諸要素を制圧するために、国家はより強権的な手段の行使をいとわないだろう。公理の縮減の埋めあわせに、国家の暴力性が前面にでてくるのだ。

われわれはけっして間違えてはならない。一九八〇年代以降、日本語の思想空間において、公理の縮減を「国家からの自由」とみなす言説が氾濫した。公共部門からの国家の撤退や、「自由競争の原理」の名による「野生状態」の拡大を、国家の力能が弱まるチャンスとばかりに歓迎する言説はあとを絶たない。深刻なのは、そうした言説が「国家の規定力からの脱出」や「国家の消滅」を目標にかかげていることだ。実際には、この「反国家的」な言説はみずからの目標とは正反対のものを推進している。完全に転倒しているわけだ。なぜか。国家と資本主義の関係をとらえ損ねているからである。公理系のさまざまな実現モデルのなかで、「小さく」見える国家こそ、もっとも抑圧的な国家である。

全体主義国家とは、国家としての最大値ではなく、むしろヴィリリオの公式通り、無政府《アナルコ》-資本主義《キャピタリズム》の最小国家なのである（同、五一七頁、強調原文）。

こうした全体主義国家もまた、資本主義がみずからの限界を押しのけて活動するための、実現モデルの一つのあり方にほかならない。それは公理の数を制限することで、資本主義の限界を突破しようとする。

資本主義はつねに、既存資本の周期的な価値低下という限界をかかえている。その限界をのりこえるために、資本主義は利潤率のより高いあたらしい産業分野であたらしい資本を形成しなくてはならない[*4]（同、五一八頁参照）。

全体主義的実現モデルは、こうした新領域での資本蓄積を容易にするために、外的部門を重視し（国外資本への呼びかけなど）、資本の流れのイニシアティヴをより重視する。それは、資本の流れを公理の付加によって調整するのではなく、その流れにとって邪魔となる要素を手荒な手段でとりのぞく。

したがってそこでは、あたらしいテクノロジーにもとづいた治安活動の必要性がことさらに強調されるだろう。あたらしいテクノロジーのもとに新資本の形成を誘導するためで

＊4　ドゥルーズ＝ガタリがこうしたのりこえの例としてあげているのは、石油と原子力をめぐる資源問題である。これについてはつぎの事態が想起されるだろう。オイルショック以降八〇年代前半にかけて、資本主義の中心部では、石油資源がもうすぐ枯渇するという説がさかんに唱えられた。あと二、三〇年もすれば石油はなくなってしまうから、はやく代替エネルギーの開発をすすめなくてはならない、と。しかし、あれから実際に二、三〇年たった現在でも石油が枯渇するけはいはない。けっきょくそこで達成されたのは、莫大な利潤が見込める――しかし安全性に関して異論が噴出しており、激しい抵抗も予想される――原子力産業でのあたらしい資本の形成であった。「資本主義は、宇宙の限界、資源やエネルギーの限界に直面するような振りをする」（同、五一八頁）。

もあるし、放置された流れから生じる攪乱的な要素を効率的に取り締まるためでもある。逆にいえば、増大する社会的矛盾によってひきおこされる「セキュリティーの低下」を理由に最新テクノロジーへの需要をたかめ、それによって新資本が形成される分野を開拓していくという点に、全体主義的実現モデルの特徴は存しているのである。*5社会政策的な実現モデルから全体主義的実現モデルへ。これが、現在の世界公理系の中心部でおこっているおおきな動向である（その度合いは国や地域で異なるが）。われわれは、こうした動向をもたらしているファクターをさしあたってふたつ指摘することができるだろう。

第一のファクターは、中心部における不変資本の比率の増大である。つまり、産業のオートメーション化・ハイテク化・抽象化によって、人びとの労働をつうじてもたらされる余剰価値の割合が減り（可変資本の比率低下）、技術機械の複合的なネットワークの自己運動をつうじてもたらされる余剰価値（機械状余剰価値）の割合がますます高くなってきた。「人間がその構成部品となるような」あらたな「機械状隷属システム」の出現である（同、五一三頁）。

注意すべきは、こうした不変資本の比率の増大によって、労働の組織化のあり方が変化するということである。すなわち、資本主義の中心部は、世界にひろがる機械状ネットワークの頭脳的な管制塔のようになっていく。そしてその管制塔における労働はひじょうに高い付加価値を帯びはじめ、同時に、そこからもれた大多数の人びとの労働はマージナルで付随的なものとなる。いわば、少数の特権的なビジネス・エリートと、増大するサービス業就業者や不安定雇用の労働者に、中心部の労働形態は二極分解するのだ。

これに対して、〔機械状：引用者〕隷属において不変資本が中心を支配するという状況において、労働は二つの方向に炸裂するように見える。もはや労働を経ることとさえない強度的余剰労働の方向と、不安定で一時的なものとなった外延的労働の方向（同、五二三頁）。

全体主義的実現モデルにおけるいくつかの特徴が、こうして導きだされる。つまり、資

＊5　ここで、全体主義をファシズムと混同しないように注意しよう。ドゥルーズ＝ガタリによれば、ファシズムの特徴はつぎのところにある。
「ファシズム（「国家社会主義」）の場合は、全体主義と区別される。国内市場を押し潰すことと公理の縮減においては全体主義と同じでも、外的部門の重視は、国外資本への呼びかけや輸出産業によってではなく、戦争経済によって行なわれ、この経済が全体主義には見られない国外侵略や資本の自立的形成へと導くのである。この場合国内市場は、補充物資の特殊な生産によって形成される。こうしてファシズムは公理を繁殖させることもあり、しばしばその経済はケインズ経済に近いものと見なされたりした。ただしこの場合の公理の繁殖は、虚構のもの、あるいは同語反復であり、引き算による倍加であり、これによってファシズムは非常に特殊な一例となる」（同、五一七頁）。

本の収益性から切り離された労働や雇用をめぐる公理を削除し、テクノロジーの革新にますます依存していくという特徴である。

第二のファクターは、中心の周辺化、第三世界化というものだ。いまや資本は経費の安い生産拠点をもとめて、つぎつぎと中心部から周辺諸国へと移動している。これによって、中心部では産業が空洞化し、低開発地帯がその内部に発生する。

世界規模の公理系が、さしあたって中心にポスト産業的活動と呼ばれるもの（オートメーション化、エレクトロニクス、情報処理、宇宙開発、軍事拡大……）を確保しながら、周辺に高度産業や高度に産業化された農業を設置すればするほど、それは同時に中心にも、低開発の周辺地帯を、内なる第三世界を、内なる〈南〉を設置することになる（同、五二三頁）。

全体主義国家が、外的部門を重視し、国内市場を放っておく傾向をもつことはすでに見た。その傾向はこうした〈内なる周辺化〉の事態に対応している。つまり、そこでの国家の関心は――空洞化した国内市場の保守にではなく――管制塔としての中心と産業化した周辺地域とをむすぶ回路の保守にむけられるのだ。

3　脱領土化する国家

以上のような変化は、現代の国家が脱領土的な形態をとりつつあることを示唆するだろう。

ただし、「脱領土的な形態」といっても、それは領土の観念が消えるということではない。国境で囲まれた領土が主権国家の単一的な存在をあらわすという事態そのものは、現代においてもなんら変更をうけていない。「脱領土的な形態」ということで理解されるべきは、国家の運動が領土的な枠組みにかならずしも準拠しなくなったということだ。とりわけその傾向は、世界資本主義の中心部にある国家にあてはまるだろう。シュミットはすでに、植民地獲得に依拠しない脱領土的なアメリカの覇権についてこう述べていた。

> この新しい手続の意味は、国家領域のこれまでの形態の中に含まれていた・秩序と場所確定とを止揚することなのである。……すなわち、領土主権は、経済的＝社会的な諸経過のための空虚なラウム〔＝場所：引用者〕へと変ずるのである。境界線を伴った外面的な領土的な領域の存続は保証されるが、しかしながら、領土的な本来の状態の社会的、経済的な内容、すなわちその実体は、保証されない。経済的な権力のラウムが、国際法的な領域を規定するのである。[*6]

領土主権の外面的で空洞化されたラウムは不可侵のままであるが、この主権の実質的な内容は、コントロールを行なう強国が経済的な広域を確保することによって変えられる。かくして、国際法的干渉条約の現代的タイプが成立するのである(同、三五四頁)。

さきにわれわれは次のことを確認した。つまり、世界公理系の中心部にある国家にとっていまや重要なのは、自国資本の指揮本部と国外の生産拠点、そして販路をむすぶネットワークを保全することである。「周辺事態」のような、国境をこえた安全保障の枠組みが提起されるのはそのためだ。

特徴的なのは、国境をこえたその活動が、にもかかわらず領土の拡大や併合をともなってはいないということである。かつての帝国主義国家とは異なり、現在の国家は、資源や市場を確保するために領土の獲得をめざすわけではない。地球上のあらゆる土地はすでに「地図化」され、どこかの主権に属している(南極大陸はのぞく)。世界にひろがる機械状ネットワークの保守は、領土的な枠組みとはべつの次元でおこなわれるのだ。シュミットが言うように、あくまでもそこでは「境界線を伴った外面的な領土的な領域の存続は保証される」のである。

これに対し、植民地支配にもとづく帝国主義国家は領土的であるといえる。というのもそれは、ある地域の統治権を手にいれるためには領土をも併合しなくてはならないという覇権原理にもとづいているからだ。そこでは領土の獲得が権力の基礎となっている。現代国家の覇権は、その領土の獲得を経過しないという点で、かつての帝国主義とは区別されるのである。

では、その脱領土的な覇権はどのように確立されるのか。それは、国境によって区画された世界地図はそのままに、べつの制度的領野をその区画のうえに覆いかぶせることによってである。周辺諸国の領土主権を形式的にはみとめつつも、経済的広域のヘゲモニーをつうじてその領土主権を空洞化させるのである。これによって、それまでの国境画定にむすびついた秩序形成のはたらきは、べつの制度的な広域の確保によっておきかえられる。まさにそれは「秩序と場所確定とを止揚する」ような覇権原理にほかならない。場所確定と秩序形成とのつながりを断ちきるところに、脱領土的な国家形態の特徴があるのだ。

世界公理系の中心諸国はこのとき、シュミットのいう「経済的な権力のラウム」や「経済的な広域」におけるシステム管理者のようなものへと自己のあり方を変容させていく。つまり、グローバルな経済的領野を整備し、保守し、ルールを定め、そしてそのルールを

＊6 カール・シュミット『大地のノモス（下）』新田邦夫訳、福村出版、一九七六年、三五五頁、強調引用者。

受け入れないものを駆除することが、それら国家の役割となるのである。国家による暴力の実践はこのとき、たがいに連合しながら世界警察的な性格を帯びていく。そこでは「インターナショナル」といわれるものと中心諸国のナショナルな利害はほとんど区別がつかなくなる。

こうした脱領土的なあり方は、国境内部における国家の活動にもあらわれる。いまや国家は富の効率的な徴収のために、統合された国内市場を均しく整備し、開発することに関心を失いつつある。生産部門が国外へと広がっていくことで、資本の循環が領土的な枠組みのなかには完結しえなくなってきたからだ。

それにともない、領土内の住民全体を質のよい労働者へと育成する契機も縮小している。領土内では労働者をつかう場所は減り、他方で労働市場の国際化はますます進んでいる。国家にとって、労働力が蓄積される仕方を領土内で均質化することは、見返りのすくない非効率的な作業となりつつあるのだ。

こうしてわれわれは、グローバリゼーションといわれる現在の地殻変動をつうじて国家にどのような変容が生じているのかを理解することができるだろう。

グローバリゼーションによって国家が衰退していくと考えることはできない。その考えは、国家一般や主権一般なるものを抽象的に資本主義と対置させることからうまれる初歩的な誤りである。

グローバリゼーションによって動揺しているもの、それは領土的な枠組みにむすびついた国家の特定のあり方にほかならない。ドゥルーズ＝ガタリの語彙をもちいていえば、社会政策的な実現モデルがもっていたヘゲモニーが、世界公理系のさらなる「世界化」によって後退しているのである。

このことは、国民国家が編成されてきたこれまでのあり方を機能不全にするだろう。国家が現在の国民的な形態へと生成してきたのは、住民全体の生存を保障するような統一的な国内市場を整備することによってであった。しかし、資本の世界的な運動と国家の調整能力とのあいだの力関係がグローバリゼーションをつうじて傾向的に逆転することで、国家は、住民全体の生存の「面倒をみる」ような役割を放棄または喪失していく（たとえば、浮動性のたかい金融資本が国外へと流出しないよう、資本所得に対して減税をしながら、流動性のひくい住民の生活にかかわる税制上の配慮――いわゆる福祉的な再分配政策――をなくしていく、というように）。住民の生存が、資本の流れの結果として放置されるのはこのためだ。いわば、現在の国家は、これまでの国民形態の生成をささえた「国家の社会化」のプロセスを逆走しているのである。

とはいえ、このことによって国民国家がただちに解体していくと考えることはできないだろう。というのも、国民国家は、より文化主義的な方向でみずからを維持していくからである。経済的な生存共同体をみずからの内部に保持できなくなってきた国民国家は、文化的共同性に重心をうつすことで自己を再編成していくのだ。文化的なシンボルや道徳的な価値といったものがつよく呼びだされるのはそのためである。

脱領土化する国家に対してナショナリズムがはたす構成的な役割がここにある。ナショナリズムは、領土的な枠組みにはかならずしも依拠しない文化主義的な差異のシェーマをもたらすことで、国民国家のあらたな編成のモーターとなるのだ。

全体主義的実現モデルが、国内市場の崩壊にともなう「セキュリティの低下」を新資本の形成にむすびつけようとすることはすでに見た。ナショナリズムはこの「セキュリティの低下」に対する反動として、国民的アイデンティティへの志向を活性化させる。つまり、生存共同体としての国民的な諸制度が機能不全となっていくなかで、誰が国民として国家の庇護をうけるべきかをそれは示そうとするのだ。

ナショナリズムの逆説というべきものがここでは観察されるだろう。つまり、領土的な生存共同体の崩壊にたいする危機意識から生まれたナショナリズムが、逆説的にも、脱領土的な国民国家の編成をささえるのである。

ネグリ＝ハートは、従来の帝国主義とは区別される現在の〈帝国〉的な状況のなかで、レイシズムが差異主義的で文化主義的なものになってきたことを指摘している。*7 世界公理系の中心諸国のナショナリズムは、いまや道徳や文化、信仰などをめぐる差異にますます傾斜していくことで、領土的な秩序形成とはことなる覇権のシェーマをくみたてるのだ。

そのシェーマによって、脱領土化する国家の暴力は、いかなる集団に帰属しており、どのような原理にもとづいて組織化され行使されるべきかが示されるのである。[*8]

4 公理をめぐる闘争

ドゥルーズ＝ガタリの仕事を出発点として、われわれは資本主義と国家の関係について考察してきた。その考察がどのような実践的認識につながるのか、さいごに考えていこう。

まず確認できるのはつぎのことである。つまり、資本主義は国家を廃絶しない。資本主義の発達によって国家の壁がひくくなり、最終的には国家がなくなると考えることはできない。資本主義の発達と国家の衰退とをならべてしまう発想は、両者の関係をうまくとらえていないことから生じるエラーだ。

たしかに、資本主義は、国家の捕獲装置から漏出した流れが、逆にそれを凌駕したときに成立する。この意味で、資本主義は、国家のローカル性を超えるような脱領土的な世界

＊7 ネグリ＝ハート『〈帝国〉』水嶋他訳、以文社、二四七―二五四頁参照。

＊8 われわれはかつて、EU諸国を事例に、現在の国家の形態変化とあらたなナショナリズムの激化との関係について考察したことがある。拙稿「ポピュリズムのヨーロッパ」（『現代思想』二〇〇二年九月号、青土社）。

性をはじめからもっていた。この世界性が、国家の消滅をめぐる右のような発想に真実味をあたえる。しかし、ドゥルーズ＝ガタリが言うように、「超えるとは、国家なしですませるという意味では決してない」[*9]。資本による国家の超克は、あくまでも「資本のきわめて限定された側面でしかない」（同、五〇九頁）。なぜか。三つの理由をあげることができるだろう。

第一に、国家はみずからを凌駕する流れの出現によって圧倒されてしまうわけではなく、たんに自己の形態をかえ、富を我有化する仕方をかえる。「だから資本主義とともに国家が廃絶されるわけではなく、国家は形態を変え、新しい意味を担うようになる」（同、五一〇頁）。すでに見たように、その新しい意味とは、「資本主義公理系にとっての実現モデル」というものだ。

ただし、国家の形態変化は資本主義の成立のときにだけなされるわけではない、ということには注意しておこう。資本の流れが既存の国家のキャパシティを凌駕するたびに、国家はみずからの形態をその流れに適応させていく。そこでは、国民国家の枠をこえた国家形態の出現すら、理論的にはありうるだろう。

第二に、公理系としての資本主義はその実現モデルの存在を必要とする。さきに見たように、国家は資本の増殖をつうじて富を徴収するために、みずからの内部を資本と労働が自由に運動する空間につくりかえ、その運動をめぐる公理を整える。国家はこれによって資本主義の実現モデルとなるのだが、同時に、資本主義もまたこの国家のあり方のなかに自己の運動が実現されるための条件を見いだす。資本主義はつねに、その活動のため、むきだしの労働力の流れというレベルでも、独立資本の流れというレベルでも、国家の新しい力、新しい権利を必要としたのである（同、五一〇頁）。

資本主義は実現モデルに依存的にのみ作動していく。資本主義は、みずからの公理が実現される条件を自分自身で整えることができない。そのためには、暴力への権利をもった審級の力が不可欠である。このことは、資本主義の公理が諸要素のあいだの機能的な関係をあつかうことからくる、いわば論理的な帰結だ。ドゥルーズ＝ガタリは公理系というタームをたんなる比喩的な意味でもちいているわけではない。資本主義が国家という実現モデルをもたなくてはならないからこそ、それは公理系の概念によって説明されるのである。

第三に、資本主義はみずからの成長のためにも国家に依存しなくてはならない。資本の本源的蓄積と国家の暴力のあいだに内在的な関係があることはすでに見た。そこでわれわれが理解したのはつぎのことだ。つまり、本源的蓄積とそれをささえる暴力は、資本主義

＊9　『千のプラトー』五一〇頁。

の萌芽においてのみ実行されるのではなく、資本主義があらたな次元へと発展するときにはつねに反復される。本源的蓄積をもたらす国家の暴力は、特定の生産様式または歴史的段階には還元されない。資本主義は、あらたに進出すべき領域や分野で資本蓄積をおこなうために、そのつど国家の暴力を当てにするのである。

以上のような理由から、資本主義の発達はけっして国家の消滅をもたらさない。いいかえるなら、国家は資本主義にくみ込まれることでより大きな富とテクノロジーを得ようとするとはいえ、それに吸収されてしまわない独立性をもっている。

この独立性はなにに由来するのか。それは、国家が資本主義とはべつの作動ロジックに立脚していることに由来する。国家をなりたたせる暴力の実践は、資本主義の公理系からは演繹されえない。

もちろん、近代国家は資本主義のもとで徴収した富をつかって、すなわち「抽象的で変換可能な権利」をつかって暴力を組織化する。この点で、国家の暴力の実践は、世界公理系の一貫性のもとでなされるほかない。とはいえ、国家の権力の源泉は、その「抽象的で変換可能な権利」とはあくまでも別のところにある。国家が独占する「暴力への権利」は、「抽象的で変換可能な権利」をいくら所有しても出てこない。暴力がみずからに徴収する権利を定めながら組織化され、特定の審級へと独占されていく仕組みは、それじたいで考察されねばならないのであり、それこそが国家の存在の固有性をくみたてるのである。

国家のこうした固有性は、つぎの点をも同時に帰結するだろう。つまり、たとえ資本主義が廃止されても、それによって国家が消滅するわけではない。どれほど現代の国家が資本主義にくみ込まれ、それに「奉仕」するものであっても、国家そのものは資本主義がなければ存在しえないものではない。いかなる経済システムにおいても暴力を集団的に所有し行使するエージェントは存在しうる。富を我有化するために暴力を組織化するような契機は、特定の経済システムにだけ見いだされるものではない。したがって、国家がどれほど「ブルジョワ階級の支配の道具」としてあらわれようと、そのことによって「資本主義の廃止＝国家の消滅」という図式を導くことはできないのだ。

　国家をなくすことができるかどうかという問題は、なによりも、「暴力の組織化を経由することなく暴力を社会的に管理することは可能か」という問題にかかわっている。これに対して、資本主義を廃止できるかという問題は、まったく別の次元に属す。その問題のためには、少なくともつぎの点が解決されねばならないからだ。つまり、質的に均しく量的に比較可能な労働と資本、そしてそれらの流れの存立性をあらわす「変換可能な権利の所有」、こうした諸要素の抽象性と普遍性におきかわるような広がりをもった経済モデルをつくりだすことができるか。これらの問題に正面からとりくむことなしに、国家と資本主義をともに廃絶してくれるような「万能薬」をもとめることは、思想的にも実践的にも一つの後退でしかない。

「万能薬」がないと述べることは、しかし、両者のむすびつきを不問に付すことではけっしてない。国家と資本主義はそれぞれ固有のロジックに立脚しているとはいえ、互いに依存しあい、補完しあっている。国家にどう対峙すべきかという問いは、資本主義との関係のなかで思考され、実践されなくてはならないのだ。

両者の関係への介入は、公理のレベルでおこなわれるだろう。というのも、国家は資本と労働の流れをめぐる諸公理の実現モデルとなることで、資本主義との内在的な関係にはいるからである。そこでは公理のあり方が両者の関係を規定する。つまり、公理がつくられ、流れへと適用される地点が、国家と資本主義のむすびつきに介入するための場所となるのだ。公理系の支配的なあり方に対してどのような公理を対置することができるかが、そこでの賭金となるだろう。とりわけ、国家が公理を削減し、より強権的な手段にうったえる傾向をつよめるとき、こうした介入の重要性は高まる。

ここでもまた次のように言うことは正確ではない。つまり、社会政策的な実現モデルによるものであれ、全体主義的な実現モデルによるものであれ、公理の役割とはつねに流れの制御・馴致であり、したがって公理のレベルで問題をたてても、それは結局のところマイノリティの潜勢力を既存の制度のなかに囲い込むことにしかならない、と。

こうした意見には、全体主義国家の到来を「国家からの自由」と取りちがえる言説と似たような発想がある。どちらも公理や国家の内と外を固定化することで価値判断をしているからだ。しかし、マイノリティがたんに公理の外にいるだけなら、それはなんの潜勢力ももたない。ちょうど、全体主義国家によって放置された流れが、そのままでは国家の強権的な取り締まりの対象とされてしまうように、である。国家あるいは公理の外にいることが無条件的に解放や自由をもたらすわけではないのだ。

たしかに公理系は、みずからの諸公理によっては対処できない流れ——ドゥルーズ＝ガタリはそれをマイノリティと規定する——に出会うとき、あらたな公理を付加し、その流れを取り込もうとする。

国家または公理系からの反撃は、明らかにマイノリティに対して、地域的、連邦的または名目上の独立を与えること、要するに、新しい公理を付加することである。……同じことが女性の社会的地位、若者の社会的地位、雇用が安定しない労働者の社会的地位などについても言える[*10]（同、五二四頁）。

この意味で、公理の役割を流れの回収のなかにみることはたしかに間違ってはいない。しかし、公理系が流れを回収しようとするのは、——気前のよさや好奇心からではなく——あくまでもその流れが放置できない状態にまで進展してしまったからである。言いかえれば、公理系における諸公理の整合性をおびやかしてしまうほど、その流れが公理系に対峙してしまったからである。マイノリティの流れが公理系といかなる接点ももたないとき、公理系における諸公理はけっして手直しされることはない。公理のレベルにおける駆け引きとは、公理系とマイノリティのあいだで火花が散ることなのだ。それは流れに対する一方的な回収なのではない。マイノリティがみずからの潜勢力を公理系に対して突きつけることで、公理のレベルは係争の場となるのである。

公理レベルでの闘争を切り捨ててしまうのは誤りだろう。資本主義内、あるいは一つの資本主義国家内におけるすべての公理は、「回収」を意味すると言われることがある。しかしこの幻滅に満ちた概念はあまりよい概念とはいえない（同、五一八頁）。

公理レベルでの闘いはマイノリティの生成変化においても決定的なものだ、とドゥルーズ＝ガタリはいう。

マイノリティの特性は、たとえたった一人のメンバーからなるマイノリティであっても、数えられないものの力能を際立たせることだ。これは多様体の公式なのだ。普遍的な形象としてのマイノリティ、あるいはあらゆるものへと生成すること。……ここでもまた、われわれは公理レベルでの闘争は重要ではないと言っているのではない。反対にそれは決定的なものだ（同、五二四―五二五頁）。

この重要性は、公理をめぐる闘争が公理系とマイノリティの流れとを対峙させ、両者の差異をきわだたせることに由来する。「要するに公理をめぐる闘争は、流れに対する命題と公理に対する命題という二つのタイプの命題のあいだの隔たりを明らかにし、隔たりを拡大することによってより重要なものになる」（同、五二五頁）。したがって、公理をつうじて国家と資本主義の関係に介入することは、けっしてこれま

＊10　ドゥルーズ＝ガタリによれば、マジョリティとマイノリティを区別するのは、多数者と少数者という量的な違いではなく、数に対する内的関係の違いである。たとえば「先進国の有資格成人男性」というアイデンティティは世界公理系における主要なマジョリティの一つをくみたてるが、それはこのカテゴリーに含まれる者が世界のなかで数的に多いからではない。「だからマイノリティを定義するのは数ではなく、数に対する内的関係なのである。一つのマイノリティは、多数でもあれば無数でもありうる。これはマジョリティに関しても同様である。一つのマイノリティとマジョリティを区別するのは、マジョリティの場合、数との内的関係は、無限であれ有限であれ、数えられる集合をなすのに対し、マイノリティの場合は、その要素の数にかかわらず、数えられない集合として定義されることだ」（同、五二四頁）。「数えられない」というのは、資本主義公理系の内部でポジティヴに定義されたステイタスや場所をもたない、ということである。この「数えられない」という特徴が、数えられる要素の集合しかあつかわない公理系に対するマイノリティの位置を指示するのである。

での国民形態へと回帰することではない。国民はつねに住民のあいだからマイノリティを排除することで成立するが、公理レベルでの闘争はそうした国民をめぐる諸公理にマイノリティの要求を対置することで、その諸公理がもっている整合性をくずしていくからだ。全体主義的な公理の縮減に抵抗することは、かつての国民形態へのノスタルジーとはいかなる関係もない。反対にそれは、国民のただなかにマイノリティの実践にとっての場所を開くのである。

「全体主義的縮減に対して闘争するために」、とドゥルーズ＝ガタリはいう、「生きた流れの圧力、流れが課し、強いてくる問題の圧力は、公理系の内部において作用しなくてはならない」、と（同、五一八頁）。

資本主義という公理系のたえまない手直し……は、決してテクノクラートだけの課題ではない闘争の目標なのである。……闘争は直接、国家の公的支出を決定する公理や、国際的な組織（たとえば、多国籍企業はある国に置かれた工場の閉鎖を勝手に計画できる）にかかわる公理を対象にする。これらの問題を担当し、世界規模の労働にかかわる官僚機構やテクノクラートによる脅威そのものを祓いのけるには、局所的な闘争が国家レベルや国際レベルの公理を直接の標的としつつ、まさに公理が内在性の場に挿入される地点で行なわれなければならない（同、五一八頁）。

あとがき

まずは本書の成立過程について述べておこう。

本書の内容は一気にくみたてられたわけではない。それは、雑誌『現代思想』に寄稿したいくつかの論文をつうじて、少しずつかたちをなしていった。本書はそれらの論文を再構成し、大幅に加筆したものである。全体としては、ほとんど書き下ろしに近いかたちになっている。

参考のために、下敷きになった論文のレフェランスをあげておこう。

「ナショナリズムをどうするか？　エチエンヌ・バリバールのアイデンティティー／暴力論」（筆名：萱野三平）、『現代思想』（vol. 27-5）、青土社、一九九九年五月号。

「差異の普遍化　レイシズムをめぐるノート」（筆名：萱野三平）、『現代思想』（vol. 29-16）、青土社、二〇〇一年一二月号。

「全体主義的縮減」（筆名：萱野三平）、『現代思想』（vol. 30-15）、青土社、二〇〇二年一二月号。
「暴力の合法性と非対称性」（筆名：萱野三平）、『現代思想』（vol. 32-3）、青土社、二〇〇四年三月号。
「国家を思考するための理論的基礎」、『現代思想』（vol. 32-9）、青土社、二〇〇四年八月号。

私が国家をめぐる考察をとにもかくにも続けることができ、こうして一冊の本としてまとめることができたのは、おおくの人びとのさまざまな支えや援助があったからである。それらすべての人に感謝したい。なかでもとりわけ次の方々には、この場を借りてお礼申し上げたい。

『現代思想』編集長の池上善彦氏は、私に、みずからのつたない思考を展開する場をあたえてくれた。日本のアカデミズムや思想の世界とはまったく無縁のところにいた私は、池上氏から声をかけられることがなければ、思想の分野で自分がなにかをいうなどとは思いもよらなかっただろうし、また、研究者を目指すこともなかったかもしれない。だから、私がはじめて『現代思想』に寄稿したときは、ほとんど一回限りのイベントのようなつもりで書いた（萱野三平といういいかげんな筆名を使ったのもそのためである）。しかし池上氏はその後も私に書く機会をあたえてくださり、そのおかげで私は本書のもととなる考察を具体化することができたのである。

その池上氏との橋渡しをしてくれたのは酒井隆史氏である。それ以外にも酒井氏は、私をさまざまな領域の人びとに引き合わせてくれた。そのおかげで、私の研究はアカデミズムの枠の外にも接点をもつことができたのである。酒井氏はすでに『自由論――現在性の系譜学』（青土社、二〇〇一年）、『暴力の哲学』（河出書房新社、二〇〇四年）という二つの著書を上梓している。酒井氏のこれらの仕事と本書はおおくの点で議論を共有している。ぜひ併読していただければと思う。

本書の編集をしていただいたのは以文社の前瀬宗祐氏である。前瀬氏は、かつて『現代思想』の編集部にいたころから私の仕事に関心と理解をしめしてくださり、本書がうまれるための直接のきっかけを作ってくれた。本書の編集過程をつうじて、私はさまざまなレベルで前瀬氏からサポートをうけた。本書の成立において私が前瀬氏に負っているものは計りしれない。編集者とは、著者にとっては最初の読者でもある。その最初の読者が前瀬氏で本当によかったと私はおもう。

以文社代表の勝股光政氏は、とくに実績があるわけでもない研究者に、国家とはなにかという大きなテーマで一冊の本を書く機会をあたえてくださった。私がみずからのばらばらな思考を統一的な構想のもとで何とかまとめることができたのは、勝股氏のこの大胆なテーマ設定のおかげである。また勝股氏には、本書の編集過程で私のわがままをかなりきいていただいた。その長年のキャリアに裏づけられた寛大さに、私はただ頭を下げるばかりである。

二〇〇五年五月

萱野稔人

文庫版あとがき

ここでは、なぜ私が「国家とはなにか」という大それたテーマで一冊の本を書こうと考えたのか、という当時の問題意識について簡単に説明しておきたい。

私が哲学や社会思想に興味をもちはじめたのは一九九〇年前後であったが、そのころの日本の哲学・思想界では、国家を「否定すべきもの」だとみなして批判することが一つの決まりごとのように定着しつつあった。その後、日本の哲学・思想界では国民国家批判やナショナリズム批判が大きな流行となるが、それも同じ発想のもとにあった。

もしかしたらいまでは想像しづらいかもしれないが、とにかく国家やそれにまつわるもの（たとえば国境なども）を批判しておけば議論として格好がつく、というぐらいその発想は強力だった。当時だされた多くの書籍や論文をみれば、その様子を垣間見ることができるだろう。とりたてて論考のアイデアをもたない凡庸な研究者や論者にとっては、その発想に乗っかっておけばなにか立派なことを論じているかのように周りから受け入れられたので、ある意味それは便利なスキームだったのかもしれない。

ただ、そうした思想状況に私はしだいに疑問を抱くようになっていった。

その疑問はもちろん、国家を批判することそのものに対する疑問ではない。そうではなく、多くの人が「国家は否定すべきもの」という考えにもとづいて議論を展開しているにもかかわらず、その批判の対象となっている国家とはそもそもなんなのかということを誰も明確に示していないことに対する疑問だ。

国家とはなにかを明確に示さずにひたすら国家批判を展開する人びとの姿は、ただの付和雷同ではないかとさえ私には思えた。国家や権力を批判しておいて、他方では仲間内で付和雷同する。そんな滑稽な光景があった。

そうした疑問が私を国家とはそもそもなんなのかを考えることに向かわせた。そのため本書は当時の思想状況に対する自分なりの立場表明でもあった。

＊

本書で私は、暴力にかかわる運動から国家の存在をとらえている。ただし、国家を暴力の観点から把握すること自体はそれほど真新しいことではない。マックス・ウェーバーによる国家の定義にみられるように、むしろそれはオーソドックスなやり方であると言っていいぐらいだ。

これに対して、当時の日本の哲学・思想界では、国家を虚構のもの、想像の産物だとみなす考えが広がっていた。

その最初のきっかけとなったのは、一九六八年に出版された吉本隆明の『共同幻想論』だろう。その後、ミシェル・フーコーなどの、二〇世紀後半のフランス哲学が「フランス現代思想」「ポストモダン思想」として日本に紹介されることで、そうした国家幻想論はより強化され、広がっていった。言説のはたらきによって私たちの認識や社会が構成される、というように、そのエッセンスが日本では理解されたからである。

そうした国家幻想論をしりぞけることも本書の動機の一つだった。国家は暴力にかかわる運動から生まれてくる以上、けっして想像の産物などといえるものではない。さらにいえば、たとえばフーコーの言説論を「言説のはたらきによって私たちの認識や社会が構成されている」というかたちで理解することも妥当ではない。どちらの点においても、当時の日本の哲学・思想界における国家をめぐる議論は当てにならないものだった。

だからこそ、たとえオーソドックスなやり方であっても、国家をめぐる議論を一から組み立てる必要があったのである。

ほかにも、国家を暴力にかかわる運動として強調することには、「国家は否定すべきもの」という発想に再考をうながす狙いもあった。

なぜなら、国家とは暴力が社会的に管理されている一つの形態であり、たとえ国家をなくしたとしても暴力の問題は残るからである。

たしかに国家は暴力が組織化されることで存立し、その組織化された暴力を背景に権力を行使する。ここから国家を「悪」とみなして否定しようとする衝動が生まれてくるのもわからなくはない。しかし、国家をなくしたとしても、その帰結としては、組織化されない暴力や小さく組織化された暴力が社会に分散されるだけだ。国家があろうがなかろうが私たちは暴力の問題に対応しつづけなくてはならないのである。国家を解体したからといって、なんの問題の解決にもならないのだ。

ただ、実際には本書を読んで「国家は暴力のうえに成り立っているから、やっぱり悪だ」と考えた人も少なくないようだ。そんな反応を数多くみてきた。どうしても道徳的判断が理論的把握に先行してしまうのだろう。しかし、国家を考察するためには、まずは道徳と理論を頭のなかでしっかりと分離する必要がある。道徳的にどうすべきかという問題は、理論的に対象を把握してからで十分だ。

最後にもう一つ、当時の問題意識について述べておきたい。それはマルクス主義国家論に対するものである。

当時、日本の哲学・思想界では国家幻想論が広がっていたとはいえ、その一方でマルクス主義国家論もまだまだ大きな影響力をもっていた。マルクス主義では、国家は暴力装置として、支配階級がみずからの経済的な支配を維持するための道具であると位置付けられる。たとえば資本主義社会においては、支配階級である資本家たちがみずからの経済的な支配や利益を維持するために保持する暴力装置が国家である、という位置付けだ。

こうしたマルクス主義による国家の位置付けと、本書における国家のとらえ方は、似ているようで実はまったく異なるものだ。「暴力」という視点から国家を把握する点は同じでも、その「暴力」についての理解が両者ではまったく異なるからである。

マルクス主義においては、暴力はあくまでも人間の意志によってもちいることができる道具である。しかし暴力は、たしかに手段になりうるとはいえ、それと同時に、人間の意志をこえて人間を動かしたり社会を構造化したりする自律性を備えている。またそれは、暴力「装置」として経済活動の外部に位置するのではなく、経済の内部ではたらき、経済活動そのものを駆動させたり構造化したりする。

要するに、マルクス主義による暴力の理解はあまりに素朴で表面的なのだ。自分たちが国家権力を奪取すれば資本主義を廃止して理想の社会をつくることができるとマルクス主義者たちが考えてしまうのも、暴力が人間の意志をこえた自律性をもっていることを理解していないからにほかならない。マルクス主義の失敗の大きな原因の一つは、まさに暴力に対する無理解にある。

暴力についての洞察が浅いことは国家を考察するうえで決定的な弱点となる。そうした浅い洞察のうえに成り立っているマルクス主義国家論の限界を示すことも本書の問題意識には含まれていた。

＊

本書が文庫化されるにあたって大竹弘二氏が解説を書いてくれた。大竹氏は、その卓越した知性と真摯な探求姿勢によってすぐれた研究を数多く発表しているだけでなく、哲学・思想界の動向に付和雷同することなく考察を深めているという点で、真に尊敬できる研究者である。そんな大竹氏に本書の解説を書いてもらえたことを私はとても光栄に感じる。読者の方々にとっても大いに参考になると思う。心から感謝申し上げたい。

文庫版の編集を担当してくれたのは筑摩書房の石島裕之氏である。石島氏は『死刑 その哲学的考察』（ちくま新書）でも編集を担当してくれたが、今回もその細やかな気遣いによって私を最後までサポートしてくれた。

また編集の過程では、校閲を担当した田村眞巳氏がとても細かいところまで的確にチェックを入れてくれた。

編集にたずさわったこれらの方々の力がなければ本書が文庫として完成することは決してなかった。深く感謝申し上げたい。

萱野稔人

解説　暴力なき国家はありうるのか

大竹弘二

国家による暴力独占

本書の出発点は、マックス・ヴェーバーによる国家の有名な定義である。すなわち、国家は「正当な物理的暴力行使の独占を（実効的に）要求する人間共同体」[*1]である。これをもとに、本書は暴力の組織化という観点から、国家を構成する固有の運動論理を探っていく。正当な暴力行使の独占を国家の主要な特徴とする思想は、近代初期にまでさかのぼることができる。ボダンやホッブズといった思想家は、ユグノー戦争やピューリタン革命のような宗教戦争の惨禍を眼前にして、公安と秩序を回復するため、国家の主権者が暴力行使の権限を独占することを求めた。彼らの関心事は、暴力そのものの廃絶というよりは、

＊1　マックス・ヴェーバー『職業としての政治』脇圭平訳、岩波文庫、一九八〇年、九頁。

国家を通じて暴力を統制し、治安を維持することであった。現代の政治学者のなかにも、国家の本質を暴力行使のうちに見る者は少なくない。例えばロバート・ダールはこう述べる。「国家とは、ある特別な集団である。すなわち、国家における政府は、桁違いに大きな能力をもって、みずからの支配への服従を調達している。そして、その調達能力は、(多様な手段のなかでも特に)軍事力、強制力、暴力によるものなのである」[*2]。ダールにすれば、国家はこのような物理的強制力を持つがゆえにこそ、圧政の危険を防ぐために民主主義によって統治されねばならないのである。

公安と秩序を維持するための国家主権というボダンやホッブズの思想は、近代初期におけるヨーロッパの宗教戦争という歴史的な条件のもとで誕生したものである。その限りで、主権国家による暴力独占は、あらゆる時代と場所の「国家」に適用できる一般的構造というよりは、歴史上の特定の時代に起きた具体的出来事であり、本書もまた第五章でそのことを指摘している。他方で本書は、ドゥルーズ=ガタリの議論を参照しつつ、近代主権国家のように暴力独占によって暴力を持続的に組織化するには至らなかったものの、暴力の組織化の運動自体はつねにすでに存在してきたと述べている。「自律化した暴力の組織化という観点にたてば、国家の概念は近代以前にも敷衍される」(本書一四五頁)。暴力の集中に向かう運動、すなわち国家の萌芽は、いつの時代にもどこの場所でも存在する。そうした運動はいわば国家形成の普遍的条件であり、本書はそれ固有の自律的論理に従って展開するこの運動をもとにして「国家と何か」を明らかにするのである。

その一方、近代の政治理論には、暴力独占とは異なる観点から国家を理解するリベラリズムの伝統もある。例えば、ロックの社会契約論は、治安の維持よりも、個人の権利の保障のほうに国家の本質的役割を見出しており、こうした立場からすると、国家への行き過ぎた権力集中こそが何より警戒すべきものとなる。現代においても、ジョン・ロールズの新たな社会契約論においてであれ、ユルゲン・ハーバーマスの討議民主主義論においてであれ、国家の意義は個人の自由、もしくは平等、あるいはその両方の保障のうちに存する。このリベラリズム的な国家理解にとっては、合理的であることを期待された個人の合意こそが国家の存立根拠となるのであり、そこでは暴力の問いに大きな意味は見出されなくなる。したがって本書がまず反論する必要があるのは、政治の領域から暴力を排除し、暴力の積極的な機能を認めようとしない理論的立場である。

強制と合意

暴力なき政治という構想は、本書の第二章で検討されているハンナ・アレントの権力論のうちに見出すことができる。彼女は、ヴェーバーや社会学者C・ライト・ミルズのよう

＊2　ロバート・A・ダール『デモクラシーとは何か』中村孝文訳、岩波書店、二〇〇一年、六〇頁。

な、政治権力が究極的には暴力に淵源するとする立場を批判する。アレントがこだわるのは、暴力（violence）と権力（power）の区別である。彼女によれば、権力と暴力は同じでないだけでなく、「権力と暴力は対立する」[*3]。暴力は目的達成のための手段であり、いわば道具的な性格をもつ。つまりそれは、自らの目的を実現するために他者を道具化し、他者に一定の行為を強いるような力にほかならない。これに対し、アレントが考える権力は決して目的のための手段ではなく、目的によって正当化される必要もない。それはいわば「目的自体」である。権力は「一致して行為する人間の能力」[*4]に基づくのであり、集団で行為する人間同士の相互了解から生まれてくるというのである。アレントはこうした合意としての権力を人間の言語能力に関連付けている[*5]。そのような相互了解をもたらす言葉の力が失われたときに、暴力は生じるのである。

アレントにとって、ヴェーバーのように目的合理的な手段として理解された権力は、むしろ暴力と呼ばれるべきものである。他方、社会学者タルコット・パーソンズは、ヴェーバーから目的合理的な権力論を受け継ぎつつも、同時に権力のうちに人々の合意という契機も見て取っている。パーソンズが批判するのは、権力には固定「量」があり、ある人の権力が増大すれば別の人の権力は減少すると考える（ミルズにおけるような）「ゼロ・サム」的な権力概念である[*6]。パーソンズによれば、権力が目指すのは集団的な目標の達成であり、政治指導者に よって排他的に所有されるものではない。

対する人々の信頼が増加するほどその効果的な達成が期待できる。つまり政治権力は、経済における信用創造と同じように、(たとえ指導者による説得と操作によるものだったとしても)社会構成員の同意を調達することで、その全体の「量」が増加する。権力が有効に機能するためには、合意による正統化が不可欠なのである。こうしたパーソンズの権力論は、権力がつねに誰かに対する強制であるという点を軽視しているとしてアンソニー・ギデンズなどから批判される一方、[*7]パーソンズは依然として権力を目的合理的にとらえすぎており、自己目的としての人々の集団的合意の側面を十分に考慮していないというハーバーマスによる正反対の批判も招くことになる。[*8]

*3 ハンナ・アーレント「暴力について」、『暴力について 共和国の危機』山田正行訳、みすず書房、二〇〇〇年、一四五頁。
*4 同、一三三頁。
*5 ハンナ・アーレント『人間の条件』、志水速雄訳、ちくま学芸文庫、一九九四年、「第五章 活動 28 権力と出現の空間」。
*6 タルコット・パーソンズ『政治と社会構造(下)』新明正道監訳、誠信書房、一九七四年、「第十四章 政治的権力の概念について」。
*7 アンソニー・ギデンズ『社会理論の現代像』宮島喬・江原由美子ほか訳、みすず書房、一九八六年、「第九章 タルコット・パーソンズの著作における「権力」」。
*8 ユルゲン・ハーバーマス『哲学的・政治的プロフィール(上)』小牧治・村上隆夫訳、未来社、一九八四年、「ハンナ・アレントによる権力(Macht)概念」。

強制なき合意としての権力というアレントの主張は、ハーバーマスのコミュニケーション的行為の理論にも一定の影響を与えている。彼の言うコミュニケーション的行為は、自らの目的を貫徹するために他者に影響を行使しようとする戦略的行為に対置される。コミュニケーション的行為はアレントの権力と同じように、目的のための手段ではなく、言語による相互了解を志向する。こうした了解はそれ自体自己目的であって、他の目的のために道具化されてはならない。ヴェーバー＝パーソンズの目的合理的な権力理解とは異なり、政治権力は最終的には、自分自身の目的を追求して互いに競争する行為者たちの戦略的行為にではなく、強制なきコミュニケーションに依って立つものでなくてはならない。「諸々の政治制度は暴力によってではなく、承認によって生きているのである」[*9]。

アレント＝ハーバーマスの二元論的な立場からすれば、目的達成のために他者を手段化する暴力的な権力とは異なるような、強制なき相互了解としての政治空間が存在する。こうした政治空間は、言語の持つ説得の力に依存している。その本質からして合意を志向する言語の能力こそが、非暴力的な政治を可能にするのである。

力の一元論

暴力なき政治の可能性はさしあたり、合意が強制から区別されうるかどうかにかかっている。本書が疑いの目を向けるのは、合意と強制を切り離そうとするそうした試みに対してである。アレントが権力の特徴とする「他者との一致」は、脅しによる行為の強制から本当に区別できるのか。脅されて仕方なく服従する場合であっても、そこには「よりマシなほうを選ぶ」という「選好」が働いている以上、依然として「同意」と言えるのではないか（本書七〇頁）。このように「仕方なく同意すること」と自発的な同意とのあいだに本質的な差異はないのではないか。こうしてアレントに反して本書が主張するのが、暴力と権力とのあいだに連続性を見出す一元論的な立場である。

本書が社会契約論から批判的に距離を取る理由もここにある。社会契約によって自然状態と国家とのあいだに断絶が生み出されるというのは疑わしいからである。本書が注目するのは、ホッブズに見られる「非契約」的な国家設立の契機である。一般に言われるホッブズの契約論では、自然状態の人々は「万人の万人に対する戦争」を終わらせて平和を打ち立てるために信約によって国家を作り出す。しかし、ホッブズはこうした「設立によるコモン‐ウェルス」とは異なる、「獲得によるコモン‐ウェルス」についても述べている。前者の場合とは違い、後者の場合の国家創設は、暴力的に優位にあるエージェントが住民を服従させることで行われる。この場合、暴力による獲得が合意としての信約に先立つのである。本書では、暴力による国家創設というこの着想がスピノザに受け継がれ、国家の

＊9　同、三四三頁。

うちにも自然状態の「戦争の法」はつねに潜在しているとして自然状態と国家を連続的にとらえるスピノザの議論につながったとされている。

自然状態と国家のあいだには、社会契約による断絶があるのではなく、一貫した力の運動が働いている。このさい注意すべきなのは、この力の運動は、ヴェーバーやパーソンズが理論化し、アレントやハーバーマスが批判したような目的合理的な手段としての権力ではないということである。それはいかなる目的も持たない一つの自律的な運動である。この運動は、自らにとって外在的な何らかの目標によって導かれることはない。その限りで、暴力独占による国家創設という本書の議論は、ボダンやホッブズと似ているようで異なっている。ボダン＝ホッブズにおける暴力独占は、安全と秩序の確立という目的のために要求される。しかし、本書に従うなら、治安の維持は国家にとっての「原因」ではなく、「結果」にすぎない（本書一三九頁）。国家は暴力を自らに集めることで富をますます獲得し、自らを拡大していこうとする一貫した運動性向をもつのであり、国家が暴力独占することで治安が確保されるのはあくまでその結果である。さらに言うと、こうした富の我有化の運動は、労働や土地などの生産力の多寡とは独立して生じる。徴収できる十分な富があるかどうかに関わらず、自らの拡大にのみ関心をもつ国家は税を徴収しようとするのである。この意味で、「人間活動の我有化や搾取といった運動がまずある」のであり、「徴収が労働に先立つ」（本書二六九頁）。国家を形成する力の運動は、何らかの善き目的を実現するのではないし、ましてやユートピア的な理念を目指すのでもない。それはただ獲得というそれ自身の論理のみに従う内在的な運動である。この点において、本書はいわば生成する力の一元論の立場に立っていると言えよう。

文明化と暴力

政治思想史的には、本書の立場は国家を力の拡張としてとらえるマキアヴェッリ＝スピノザ主義的な思考の線に沿っている。マキアヴェッリは『ディスコルシ』において、不断に軍事的な対外拡張を続ける古代ローマの共和政のうちに一つの理想的な政治体制を見ていた。他方、実のところ、古代ギリシアに民主主義の範型を求めているとみなされがちなアレントも、ときにそれ以上に古代ローマの共和政のほうを評価している。[*10] ポリスの限界を超えて広がることのなかったギリシア人の民主主義に対し、ローマ人の共和国（レスプブリカ）は対外的に拡張する帝国的な性格を持っていた。だがマキアヴェッリと異なり、アレントが特に評価するのは、ローマ人がこの拡張を単に戦争という非政治的な暴力によってではなく、勝利の後も相手を滅ぼすことのない条約と同盟によって遂行したという点

＊10　ハンナ・アレント『政治の約束』高橋勇夫訳、ちくま学芸文庫、二〇一八年、「第六章　政治入門」。

である。これが、ポリスの外部に政治的領域を広げることのできなかったギリシア人とは異なる、ローマ人の政治的天才である。アレントはローマの拡大的な共和国のうちに、むしろ暴力から非暴力的な政治への転換の可能性を見ようとする。

だが、国家は、たとえ暴力から生まれたものであったとしても、人類の進歩を通じてその暴力性を払しょくすることが可能なのか。周知のようにノルベルト・エリアスは、暴力の馴致としての「文明化（civilization）の過程」を追究している。彼がヴェーバーの強い影響のもとで主張するには、そうした文明化は近代国家による暴力独占の帰結である。国家が暴力を独占したことで、自らの目的達成のために暴力に訴えることができなくなった個人は、それに代わる非暴力的な手段の開発を余儀なくされる。そうして生じるのが「戦士の宮廷化」[*11]である。人々は他者との相互配慮に基づく「自己抑制」を通じて各人の目的を追求するようになり、こうした社交としての政治のなかで宮廷人には一定の「礼儀（civility）」が求められることになる。このような礼儀正しさの規範がしだいに上流階層から下流階層へと広がることで、西洋の文明化された行動様式が形成される。

一八世紀以降になると、「礼儀」よりも「文明（化）」の語のほうがさかんに用いられるようになるが、そこには単なる言葉の変化以上の重要な含意があると思われる。というのも、「文明化」は、単なる個人の行動規範ではなく、人類史のプロセスとしての意味を持つからである。一八世紀の啓蒙主義のもとで、文明化は人類の不可逆的な進歩の過程として理解されるようになる。暴力を馴致するプロセスとしての文明化は野蛮を克服し、最終的に戦争や暴力そのものを廃棄することもできる。こうした歴史哲学に従うなら、国家および国際社会は文明化を通じて、暴力の使用を許さない法的・道徳的な共同体に達することができるはずである。むろん、ナチズムの惨禍を経験したエリアスはそこまで楽観的になることはできず、(フロイトと同じように) 文明化のなかで抑圧された暴力の回帰に対して危惧を抱き続けたのだが。

本書もまた、そうした暴力の廃棄の可能性に対しては懐疑的である。単なる「秩序の保証」にとどまらず、「支配の保証」が可能となるには (本書五七頁)、暴力はたしかに国家のうちで集団化・制度化された権力へとその性格を変える必要がある。本書はミシェル・フーコーと同じく、「身体やもの」に対して直接に物理的影響を与える暴力と、そのように直接的ではないかたちで「行動に対して、現実の行動に対して、現在あるいは未来に起りうる行動に作用を及ぼす」権力とをさしあたり区別している。[*12] しかし、暴力から国家権力へのこうした「暴力の加工」は、「暴力の排除や消去」を意味するわけではない (本書

*11 ノルベルト・エリアス『文明化の過程 (下)』波田節夫ほか訳、法政大学出版局、一九七八年、三七五頁。

*12 ミシェル・フーコー「主体と権力」渥海和久訳、『ミシェル・フーコー思考集成IX』、筑摩書房、二〇〇一年、二四頁。

八四頁)。ヴァルター・ベンヤミンが「法措定的暴力」と「法維持的暴力」の絡み合いを指摘していたように、暴力は自らが措定した法に基づいて自らを正当化するというトートロジカルな構造があるとするなら、法秩序の維持はそれ自体が暴力の実践の一部でもあり、そこでは暴力はなおかたちを変えて機能し続けているのである。

権力の物質性

近代の民主主義国家では、たしかに国家の暴力が国民に直接向けられることは稀である。これは本書の第六章で言われる「国家の暴力の「民主化」」の結果であり、それをもたらしたのが一九世紀以降の「国民国家」の形成である。言うまでもなく、近代国家は最初から「国民国家」だったわけではない。一六~一七世紀に誕生した主権国家の住民たちは当初、「国民」としてのアイデンティティを持ってはいなかった。一九世紀になって国家が「集団的アイデンティティを構成する運動」としてのナショナリズムと結びついたときに、いわゆる国民国家が形成される。軍事的な観点から見た場合のその帰結が、革命期のフランスに始まる徴兵制と国民皆兵である。これにより、「国家の暴力は住民のためのものである(べきだ)」という理念のもと、「国家と住民のあいだの軍事的関係が「無化」」されるわけである(本書二二一―二二二頁)。

「国民国家」という国家形態が一般化することでしばしば生じるのが、想像的レベルの集団的アイデンティティである「国民」をそのまま「国家」と同一視するような錯覚である。本書が第四章の「方法的考察」で特に批判しているのが、国家をそうした純粋なイデオロギー的構築物とみなす考えである。ベネディクト・アンダーソンの「想像の共同体」論をはじめ、ナショナリズムの批判的検討は数多くある。だが国民とは異なり、国家そのものは想像的フィクションではなく、物質的リアリティをもつ諸制度によって成り立っている以上、ナショナリズム批判は国家批判たりえない。本書は、イデオロギーとしてのナショナリズムを批判すれば国家を否定できるという考えを退ける。

本書の見るところ、そうした「国家＝フィクション論」の一因となっているのが、ルイ・アルチュセールの「国家イデオロギー装置」論とフーコーの言説分析についての誤解された解釈である。いずれの思想家も、国家権力を単なるイデオロギー的な、もしくは言説的な作用に還元しているわけではないにもかかわらず、近年のナショナリズム批判の議論は、国家を支える物理的・制度的な諸関係を無視した言説イデオロギーの批判に終始しがちであることに本書は苦言を呈している。

実際、国家権力はただの言説権力ではない。むしろ権力は物理的・技術的要素の集合体を通じて作用するというのは、ブルーノ・ラトゥールなども指摘するところである。ラトゥールは権力関係をもっぱら人間同士の相互行為という観点から考えることに疑問を投げかけ、人々の直接的な社会的結びつきだけでは安定した権力構造は成立しないと主張している。彼が好んで挙げるのが、ヒヒの社会の例である。[*13] ヒヒの社会にもまた社交や交渉が存在し、それに基づいて同盟やヒエラルキーが形成される。しかし、ヒヒはこうして成立した社会構造を安定的に持続させることができず、それは対面の相互作用を通じて絶えず再構築され直さねばならない。ヒヒは人間に似た社会的動物であるにもかかわらず、「リヴァイアサン」を作り出すことができない。ヒヒに欠けているのは、耐久性のある諸々の物質的な装置である。社会関係は物質的なものに刻印されることではじめて、直接的な対面の関係を超えて拡張することができる。「不安定な同盟関係をできる限り防壁や契約書に、階級を制服や入れ墨に、覆ることもある友好関係を名前やサインに置き換えることで自然状態を変容させれば、リヴァイアサンを獲得できるだろう。……彼〔ホッブズ〕は、主権者を恐るべきものにし、契約を厳粛にしているのは、主権者が演説する宮殿であり、主権者を取り囲むよく設備された軍隊であり、主権者に仕える書記や記録技術であることを言わないでいる」。[*14] 耐久性のある物質的な諸制度を媒介にしてこそ、権力関係の安定性は確保されるのである。

人間の社会的紐帯は、それ自体として存在するというよりは、「モノ」の世界を媒介としてはじめて維持することができる。そうした「モノ」としての物質的インフラは人間同士の権力関係やコミュニケーションの前提であり、それらを持続性あるものにし、またそれらのあり方を変容させる。その限りで、モノもまた社会関係のアクター（もしくはラトゥールの言う「アクタン」として機能している。単に人間の言語と行為があれば権力関係が生じるわけではない。物質的なものは単なる言説的構築物にとどまらない国家権力のリアリティを構成するのであり、権力分析はこうした視角を欠いてはならない。

資本主義と国家

国家権力は経済的下部構造に規定された単なる上部構造ではない。本書が強調するのは、国家の成立が生産様式とは無関係だということである。富を蓄積できるほど十分に生産力が発達したことで、富を我有化する国家が生まれたわけではない。国家を形成する暴力の運動は、獲得という固有の論理に基づいて、余剰生産物の有無にかかわらず徴収を行う。「徴収が余剰に先立つ」(本書二六七頁)のであり、富を蓄積しようとする暴力はそもそものはじめから存在する。決して経済構造に還元されない国家の自律性はここに起因する。

＊13 Michel Callon/Bruno Latour, "Unscrewing the big Leviathan: How actors macro-structure reality and how sociologists help them to do so," in Karin Knorr-Cetina/Aaron Cicourel (Eds.), *Advances in social theory and methodology: Toward an integration of micro- and macro-sociologies*, Routledge and Kegan Paul, 1981, pp. 277-303. また、ブリュノ・ラトゥール『社会的なものを組み直す アクターネットワーク理論入門』伊藤嘉高訳、法政大学出版局、二〇一九年、「第三の不確定性の発生源――モノにもエージェンシーがある」も参照。

＊14 Callon/Latour, "Unscrewing the big Leviathan", p. 284.

しかし今日では、資本主義経済を円滑に機能させるための良きガバナンスが、国家の重要な、むしろ中心的な役割になっているようである。いまや政治は、もっぱら経済のグローバル化に対応した行政管理として展開されているように見える。かつてアレクサンドル・コジェーヴやフランシス・フクヤマが「歴史の終わり」というテーゼのもとで述べたように、自由民主主義と資本主義市場経済の拡大に伴って、暴力的衝突や戦争をひきおこすような深刻な政治対立は存在しなくなるのか。だとするとその場合、旧来の国家の暴力独占にはどのような影響が及ぶのか。グローバル資本主義がもたらす諸問題に直面して主権国家の復権を求める考えは、決して保守的ではない論者のあいだにもしばしば見られるものである。*15 しかし、そのさい国家に期待されるのは、経済危機をコントロールできる市場の管理者としての役割である。こうした今日の国家において、暴力独占の論理はなお重要な意味をもっているのだろうか。

資本主義における国家の役割については、本書も思想的に多くを負っているジル・ドゥルーズとフェリックス・ガタリが高度に抽象的な水準で議論している。彼らの共著『アンチ・オイディプス』(一九七二)によると、国家の起源は、原始共同体の古いコード(「大地機械」)を脱コード化して解体すると同時に、より高いレベルで再びコード化する古代専制国家(「専制君主機械」)にある。この専制国家による超コード化は、あらゆる欲望の流れを君主という超越的審級のもとでコントロールし構造化する。国家のこうした準‐神学的構造をカール・シュミットは近代の主権国家の特徴としたが、ドゥルーズ＝ガタリの場合、これはそもそも古代の「原国家」にも見られる国家一般の本質的構造である。

ドゥルーズ＝ガタリにとって、こうした古代専制国家と近代的な国家との違いは、資本主義との関係にある。近代の資本主義は専制国家における超コード化された統合をさらに脱コード化し、欲望の流れを再び解放する。しかし資本主義はこの脱コード化された流れを、今度はドゥルーズ＝ガタリの言う「公理系」のもとに統合して方向付ける。この公理系とは、資本主義が一つのシステムとして作動することを可能にする抽象的な規則である。このとき国家は新たな役割を引き受けることになる。つまり近代の国家は、もはや超越的な審級のもとで欲望の流れを構造化するのではなく、資本主義的公理系という内在性のなかで「脱コード化したもろもろの流れの調整者」[*16]となる。今日の資本主義国家の役割は、資本主義の内在的運動の調整機能に存するのである。

本書は、ドゥルーズ＝ガタリの次の共著『千のプラトー』（一九八〇）の議論をもとに、なぜ資本主義が単純に国家を消滅させはしないのかを説明している。『千のプラトー』で

*15　例えば、ヴォルフガング・シュトレーク『時間かせぎの資本主義　いつまで危機を先送りできるか』鈴木直訳、みすず書房、二〇一六年。

*16　ジル・ドゥルーズ／フェリックス・ガタリ『アンチ・オイディプス　資本主義と分裂症下』宇野邦一訳、河出文庫、二〇〇六年、七三頁。

は、調整者としての現代の資本主義国家は「公理系の実現モデル」と呼ばれている。[*17] 本書によればそれは、「いまや優勢となった資本の流れに寄生することで富を得ようとする」国家のあり方を示しており、そのとき国家は「資本がより効率的に活動できるよう」公理を整備することを第一の任務とする（本書二七七頁）。資本主義はそれ自体として発展するというよりは、さまざまな制度や政策によってその公理系を具体的に実現してくれる国家を足掛かりにして展開していくのである。それゆえ、資本主義的公理系が国家を超えるということは「国家なしですませるという意味では決してない」し、「資本主義とともに国家が廃絶されるわけ」でもない。[*18] むしろ資本主義の発展のためには、国家の存在が不可欠である。「みずからの公理が実現される条件を自分自身で整えることのできない」資本主義は、「実現モデルに依存的にのみ作動していく」のである（本書二九七頁）。

しかしこの場合、国家の本質が変わってしまったとはみなせないだろうか。本書は資本主義に対して自立した国家固有の論理を、暴力の組織化の実践に見ていた。だが、今日の国家が資本主義的公理系の内在性のうちに埋め込まれ、その運動の「調整者」となったとすれば、いまや国家の存立と正統性は、暴力独占よりも、経済的ガバナンスにかかっているのではないか。本書は暴力の独占的行使が今も国家の変わらぬ本質であると考えている。人々の生存や権利に関わる公理を除去し、公理の数を必要最低限に限定しようとする今日の新自由主義は、国内の貧困や矛盾、社会不安の増大を招くが、まさに「そこから生じる攪乱的な諸要素を制圧するために」、国家は「より強権的な手段の行使」をもいとわなくなるとされている（本書二八四頁）。ドゥルーズ＝ガタリはこうした国家のあり方を「全体主義」と呼んでいるが、そのさい彼らの念頭にあるのは、新自由主義政策と軍事独裁が結びついたかつてのチリのピノチェト政権である。だが、新自由主義体制が本当にそうした国家の暴力性の前面化を伴うのか、チリの軍事政権のようなケースを一般化できるのかどうかは、なお検証が必要だろう。

国家が消滅することはないにしても、それは資本主義に対して自立性を保ち続けられるのか、また、そうした国家の自立性の基礎は暴力独占のうちにしか見出せないのか。暴力という一貫した軸のもとで国家の成り立ちを考察する本書は、その立場への賛否はあれ、我々に多くの問いを突き付けている。

（おおたけ・こうじ　南山大学准教授　政治思想史）

＊17　ジル・ドゥルーズ／フェリックス・ガタリ『千のプラトー　資本主義と分裂症　下』宇野邦一ほか訳、河出文庫、二〇一〇年、二一二頁。
＊18　同、二一一頁。

本書は二〇〇五年六月一五日、以文社より刊行された。

ちくま学芸文庫

国家《こっか》とはなにか

二〇二三年十一月十日　第一刷発行

著　者　萱野稔人（かやの・としひと）
発行者　喜入冬子
発行所　株式会社　筑摩書房
東京都台東区蔵前二―五―三　〒一一一―八七五五
電話番号　〇三―五六八七―二六〇一（代表）
装幀者　安野光雅
印刷所　三松堂印刷株式会社
製本所　三松堂印刷株式会社

ISBN978-4-480-51211-6 C0110